我国优秀运动员
培养路径市场化研究

WOGUO YOUXIU YUNDONGYUAN
PEIYANG LUJING SHICHANGHUA YANJIU

张玲玲 著

电子科技大学出版社
University of Electronic Science and Technology of China Press

·成都·

图书在版编目（CIP）数据

我国优秀运动员培养路径市场化研究 / 张玲玲著. —
成都：电子科技大学出版社，2021.12

ISBN 978-7-5647-9398-2

Ⅰ. ①我… Ⅱ. ①张… Ⅲ. ①运动员－人才培养－研究－中国 Ⅳ. ①G808.18

中国版本图书馆 CIP 数据核字（2021）第 279151 号

我国优秀运动员培养路径市场化研究

张玲玲 著

策划编辑 谢应成 李述娜
责任编辑 李述娜

出版发行 电子科技大学出版社
成都市一环路东一段 159 号电子信息产业大厦九楼 邮编 610051
主 页 www.uestcp.com.cn
服务电话 028-83203399
邮购电话 028-83201495

印 刷 成都市火炬印务有限公司
成品尺寸 170mm×240mm
印 张 8.5
字 数 162 千字
版 次 2021 年 12 月第 1 版
印 次 2021 年 12 月第 1 次印刷
书 号 ISBN 978-7-5647-9398-2
定 价 38.00 元

前　言

我国体育强国建设目标的实现，离不开体育人才队伍的建设。优秀运动员是体育人才中最为核心和重要的一支力量。在中国体育体制改革深入推进的新时代背景之下，如何积极顺应时代，建立符合体育强国建设目标的优秀运动员培养的管理体制和运行机制是党和国家高度关注、体育理论界和体育主管部门亟待破解的一大难题。

本书以优秀运动员培养路径为研究对象，聚焦“市场化”问题，综合运用文献资料、特尔菲法、比较研究法、数理统计法、案例分析法等方法，以优秀运动员培养路径研究为切入点，通过回顾我国优秀运动员培养路径的发展历程、分析优秀运动员培养体制现状，在借鉴国外成功经验的基础上，构建体育项目市场化评价模型，并以四川省优秀运动员培养现状作为案例，对四川省部分体育项目进行分层次评价，将计算结果运用于指导优秀运动员培养路径的建议和指导。该研究有助于深化新时代中国特色社会主义市场经济条件下对优秀运动员培养路径的理论认识，丰富中国特色的优秀运动员培养路径的实践探索。

本书主要观点如下。

1. 我国优秀运动员培养体制有其特色和优势，在发展的过程中总结了许多丰富的经验，同时也应从世界各国的体育发展道路中吸取宝贵经验，探索具有中国特色的体育发展之路。

2. 在优秀运动员培养过程中，“举国体制”与市场化并行的发展模式将成为趋势，这是对竞技体育领域制度创新能力的一种挑战。

3. 优秀运动员的培养问题涉及面广，已经超出了体育的范畴，靠单一政策和部门很难解决，必须以构建体育治理体系的思路，构建由政府相关部门、社会组织、企业以及个人形成合力的治理体系，各管理主体各司其职、协调发展。

4. 实现市场化细分的主要路径为：进一步明确政府与市场的职责分工，两者泾渭分明，又相互补充支持。按照供给侧结构优化的思路，对优秀运动员培养分项目进行深耕细作，避免“一刀切”。

5. 各体育项目之间的巨大差异导致其市场化的程度不同，通过构架体育项目市场评价模型，可对体育项目市场化情况进行量化预估：市场化程度高的项目可率先实现完全市场化培养；市场化程度较低的项目可采取市场与计划相结合的培养路径；此外，市场化程度非常低的项目，通过对其价值的评估予以国家支持培养。

本书提出以下几个建议。

1. 加大政府宏观政策的调控和支持力度，做好顶层设计，对于参与体育项目市场化的社会组织，企业予以更多的政策红利和引导，如在财政、税收、土地、就业等方面的激励机制和政策。

2. 加强政府对体育市场形成和发育的监督和保护作用，创造更适合体育产业健康发展的经济环境和政策氛围。

3. 促进企业、社会组织等体育治理的多方主体发展壮大，整合全社会的资源和力量，促进竞技体育市场化进程，提升竞技体育的治理体系和治理能力，形成良性循环的运动员培养大环境。

4. 从国家顶层设计到各地方行政管理部门，对运动员管理、教育、成长、成才、退役安置予以更多的关注和规范，针对新出现的情况，如运动员“单飞”、国内外俱乐部注册交流等情况出台系列政策，进一步完善优秀运动员培养人才体系。

5. 市场化程度较高的体育项目，如篮球、足球等，此类项目社会关注度高、国家政策扶持力度大、商业开发潜力大，可加快职业化进度，实现优秀运动员培养由目前的半职业化培养模式逐步向完全职业化转化。

6. 市场化程度居中的体育项目，如网球、羽毛球、乒乓球、田径等，此类项目社会参与度较高，开展门槛较低，同时是我国竞技体育的优势项目，可逐步交由协会，走社会化道路，通过广大人群的参与夯实后备人才基础，再以购买服务、委托训练的路径培养优秀运动员。

7. 市场化程度较低的体育项目，像体操、举重、摔跤等，这些项目市场化基础较差、运动员职业风险较大，同时又是我国奥运争光计划的优势项目、潜优项目，这些项目可由体育行政部门主导、寻求院校合作共建的路径，走院校化发展道路，这样一方面可为政府“减负”，另一方面发挥高等院校在教书育人、科研攻关方面的优势，提升项目的科技水平，同时实现从事这些项目的优秀运动员的全面发展与可持续发展。

张玲玲

2021 年 10 月

目 录

第一章 绪　论

【本章提要】 本章主要对本书的研究背景、有待研究的问题、研究的意义、研究的方法以及研究流程进行了介绍。

第一节 研究背景与问题提出

一、研究背景

本研究植根于中国走进新时代，中国体育体制改革深入推进的宏大时代背景下。党的十八大以来，以习近平同志为核心的党中央高度重视体育事业的发展和体育在实现中华民族伟大复兴中的重要作用，对体育工作提出一系列战略思想、进行了顶层部署，为体育事业发展指明前进方向、提供根本遵循，提出了推动全民健身和全民健康深度融合的要求，强调要蹚出一条深化体育管理体制改革的新路来。党的十九大报告提出了要广泛开展全民健身活动，加快推进体育强国建设和筹办好北京冬奥会、冬残奥会的三大任务。

回顾中华人民共和国体育历程发展之路，我国体育事业与中国政治社会、经济文化的发展同频共振，走出了一条由弱到强的腾飞之路，在社会发展过程中发挥着越来越多的作用、承担着越来越重要的角色。体育已经成为社会发展和人类进步的重要标志，是综合国力和国家软实力的重要体现。进入新时代，体育产业和全民健身上升到国家战略，如何在新时代以新思想引领我国体育事业不断发展，实现体育强国梦是当代体育人的时代新课题。

中国体育的强盛，归根结底为体育人才队伍的强盛，实现中国体育的健康可持续发展，必先实现体育人才的健康可持续发展。优秀运动员是体育人才中的一支核心力量，从中华人民共和国成立开始，到 20 世纪 80 年代夺得第一块奥运金牌，再到 2008 年北京奥运会高居金牌榜首，中国竞技体育在底子薄、基础差的情况下，用了 50 多年跻身世界体育大国。在这一过程中，涌现出众多优秀运动员，他们顽强拼搏、奋发有为，取得了举世瞩目的成绩。他们用优异的竞赛成绩和努力拼搏、为国争光的强大精神力量，为振奋民族精神、提升中国在国际上的形象和地位做出了卓越的贡献，在中国体育发展史上写下了浓墨重彩的一笔。然而，与我国竞技体育取得的辉煌成绩相比，优秀竞技体育人才培养的形势却不容乐观。优秀运动员除了训练比赛之外，比较缺乏必要的人文素养与融入社会的综合素质与能力，在一些市场化、职业化程度高的运动项目中，优秀运动员可能会获得持久良好的发展，而在一些市场化程度低的运动项目中，部分运动员退役即失业，短暂的运动员生涯之后难以实现人生的可持续发展现状令人担忧。在竞技体育优秀运动员的培养过程中，如何转变政府职能、以供给侧结构性改革为突破口，优化资源配置，实现优秀运动员培养的可持续发展成为理论界和体育管理部门的重要命题。

与此同时，伴随世界体育发展格局的变化和我国社会主义市场经济体制改革的深入，我国的体育事业朝着市场化、国际化与多元化方向快速发展，人们对体育的认知、社会对体育的需求发生了变化，对优秀运动员的教育与培养也将探索新的方向与路径。目前，虽然优秀运动员的培养是一个老生常谈的问题，但优秀运动员培养理论研究与实践探索依然远远滞后于时代对优秀运动员提出的更新和更高的要求。这需要我们认真研究新历史条件下，优秀运动员培养的新定位、新特点和新做法。

二、有待研究的问题

（1）坚持目标导向，竞技体育的目标是争金夺银，对于新时代的中国而言，竞技体育的目标是要为建成体育强国添砖加瓦。那么在进行优秀运动员培养研究时，一定要将其置于体育强国建设征程、实现伟大中国梦的历史背景中进行。本研究尝试对优秀运动员培养与体育强国建设之间的关系进行深入的研究和分析。

（2）坚持问题导向，虽然针对优秀运动员培养路径的研究和讨论在改革开放 40 多年间从未停息，竞技体育人才培养从最早的争论是“国家办”还是“社会办”，到“国家办”“社会办”“市场办”三位一体运动员培养模式逐步形成，在此共识基础上，在我国政治、经济、社会深刻变化的新形势下，问题并未完全解决，而是进一步深化：“国家办”“市场办”“社会办”三者作用的边界在哪里？“国家办”“市场办”“社会办”是否在运动项目上有所区分？这便是笔者想研究的一个问题，尝试构建参与不同运动项目的优秀运动员培养市场化程度评估体系。

（3）坚持结果导向。现行优秀运动员培养模式早已不再适应建设体育强国宏伟目标以及竞技体育可持续发展的需要。对于优秀运动员培养体制如何突破现有束缚，如何与我国经济体制改革进一步融合发展，本研究尝试给予一些对策性建议。

第二节 研究的意义

一、理论意义

优秀运动员培养问题是我国竞技体育领域改革走向纵深过程中不可回避的关键问题之一。在我国体育体制深化改革的时代大背景下，通过对我国优秀运动员培养市场化路径的再研究，尝试建立体育项目市场化评估指标模型，有助于深化对我国优秀运动员这个特殊群体的培养机制、管理模式、市场化路径的特征和规律的认识，进一步丰富我国竞技体育管理理论研究内容。

二、实践意义

按照我国市场经济体制发展的基本规律与新要求，优秀运动员的培养过程呈现出多元化、多路径的趋势，如何评价某个体育项目是否具有市场化潜质，从事该体育项目的运动员适合选择怎样的培养路径和方式是本书研究的重点之一。研究结果可以为体育行政部门制定运动员培养政策措施提供较为科学的参考和依据，有助于丰富中国特色的优秀运动员培养路径的实践探索。

第三节 研究的方法与流程

一、研究方法

优秀运动员培养市场化问题是体育领域“市场化”改革进程中重要问题之一。本书从我国竞技体育人才培养面临的诸多问题与实现体育人才可持续发展的现实需求出发，研究建立竞技体育人才培养政府主导、“市场在资源配置中起‘决定性’作用”的良性关系；在供给侧结构性改革背景下，进一步明晰体育部门在培养优秀运动员过程中的重要职能和工作着力点；探索以市场化为引导的我国优秀运动员培养的新路径。

本书在方法论上力求做到以下方面。

（一）历史经验研究与现实经验研究相结合

坚持历史唯物辩证法，立足时代背景，同时站在历史的维度研究和分析我国优秀运动员培养的发展历程，尽量做到不割裂历史、不片面截取。

（二）规范研究与实证研究相结合

以马克思关于人的全面发展理论、供给侧结构性改革理论以及治理理论的相关理论和研究成果为依据，结合我国优秀运动员群体的实际情况，采用文献分析法等多种方式，审视优秀运动员培养可持续发展对我国体育强国建设的重要作用，对我国当前优秀运动员培养的相关理论与实践进行梳理、反思与重新定位。在这一过程中，由于优秀运动员培养是一个结构复杂、涉及领域宽泛，影响因素多的体系，本书将综合运用体育学、经济学、管理学等多种学科的理论和方法，在对该问题进行辩证思维和深入分析的基础上形成论点；同时，还将建立体育项目市场化评价模型，并以此模型对四川省优秀运动员培养路径进行实证研究。

本书在研究过程中采用了以下几种具体的研究方法。

（一）文献资料法

文献资料的收集主要包括两部分内容：一是研究文献的查阅研读，二是数据资料的收集。在中国知网全文数据库（CNKI）、Web of Science 上查阅了大量中外文献，主要查阅的文献包括：体育学术刊物上发表的相关论文；与本研究相关的出版物；各级行政部门出台的相关政策办法等文件；与此同时，研究中的数据主要来源于《中国体育事业统计年表》，《四川体育事业统计年表》，在国家体育总局、四川省体育局收集到的有关参考文献和数据，以及通过互联网检索的相关新闻报道、人物访谈、与历届奥运会比赛有关的资料等。

（二）科学知识图谱法

在文献综述中，本书还运用了美国华人学者陈超美教授研发的 Citespace 5.3.R4 可视化分析软件，在中国知网全文数据库收集相关期刊论文，融合了聚类分析、时间序列分析等多种方法，绘制了知识图谱，对优秀运动员培养相关文献研究的结构、热点及变迁进行了进一步的分析和解读。检索策略为：摘要=运动员培养 or 主题=“举国体制” or 主题=体育市场化 or 主题=市场指标体系

or 主题=体育指标体系，共检索核心期刊文献 1049 条，经过筛选符合条件的共 816 篇。

（三）专家访谈法与专家问卷调查（特尔菲法）相结合

笔者对我国学校体育学、体育社会学、运动训练学领域的专家、教授，国家体育总局、四川省体育局行政部门管理人员和体育媒体工作人员进行了访谈。访谈内容包括：我国优秀运动员培养体制沿革发展情况；对我国优秀运动员培养体制中出现问题（包括一些重大体育事件）的反思与归因评价等；对我国优秀运动员培养市场化改革等进行预测、展望等。用特尔菲法通过对专家的问卷调查，经过 2 轮咨询，本书初步构建了体育项目市场化评价指标模型（见表 1-1 所列）。

表 1-1 受访人员

姓名	职称	工作单位	职务
陈佩杰	教授	上海体育学院	院长
朱元利	教授	西安体育学院	院长
杨国庆	副研究员	南京体育学院	院长
钟秉枢	教授	首都体育学院	院长
彭道海	教授	武汉体育学院	党委书记
刘清早	教授	上海体育学院	
刘　青	教授	成都体育学院	党委书记
潘小非	教授	成都体育学院	党委副书记
高　扬	教授	成都体育学院	处长
郭新艳	教授	成都体育学院	处长
杨世勇	教授	成都体育学院	
隆胜军		国家体育总局科教司教育处	处长
梁　纯		国家体育总局射击射箭中心	主任
陈林祥	教授	武汉体育局	副局长
杨海谊		四川省体育局机关	党委书记
张小燕		四川省体育局	处长
何鹏楠		成都商报	记者
殷　鹏		四川在线网	记者

（四）数理统计法

运用 SPSS23 统计软件，向二轮专家咨询问卷收集到的相关数据，对各项指标的平均数、标准差、变异系数进行计算，对体育项目市场化程度评价指标体系进行分析，并运用层次分析法确定了指标权重系数。

（五）比较研究法

采用异质比较研究法，查阅了相关文献资料，分析了美国、俄罗斯、德国、英国、日本 5 个体育强国体育管理组织结构、优秀运动员培养模式等内容，借鉴各国的经验与教训，为进一步优化我国优秀运动员培养路径提供参考。

（六）实证研究法

本研究以四川省体育项目的发展作为实证分析，对体育项目市场化程度评价指标模型的可行性进行论证。

二、流程及章节安排

本书流程遵循：

（1）确认研究对象与问题；

（2）收集、分析国内外优秀运动员（职业运动员）培养资料与相关信息，建立研究框架与命题；

（3）系统分析我国优秀运动员培养发展演变过程；

（4）比较、归纳和诊断我国优秀运动员培养与国外运动员培养方式的区别；

（5）构建体育项目市场化评估模型，根据体育项目市场化程度对优秀运动员培养途径予以建议；

（6）选取四川省优秀运动队作为实证研究对象，分析市场化条件下四川省优秀运动员可持续发展的特点、模式和方法；

（7）归纳研究结论与完成论文。具体流程如图 1-1 所示。

章节安排：

第一章：绪论。介绍本书研究背景与问题、研究意义、研究方法等内容。

第二章：文献综述与理论基础。本章运用文献研究法和科学知识图谱法对相关研究文献进行收集分析，并绘制了知识图谱，对相关研究的内容、热点和发展趋势等进行了研究。就研究中所涉及马克思关于人的全面发展理论、社会主义市场经济理论、影子价格理论、治理理论等理论和观点，使用文献分析法就有关理论成果进行梳理归纳，为本书立论研究所用。

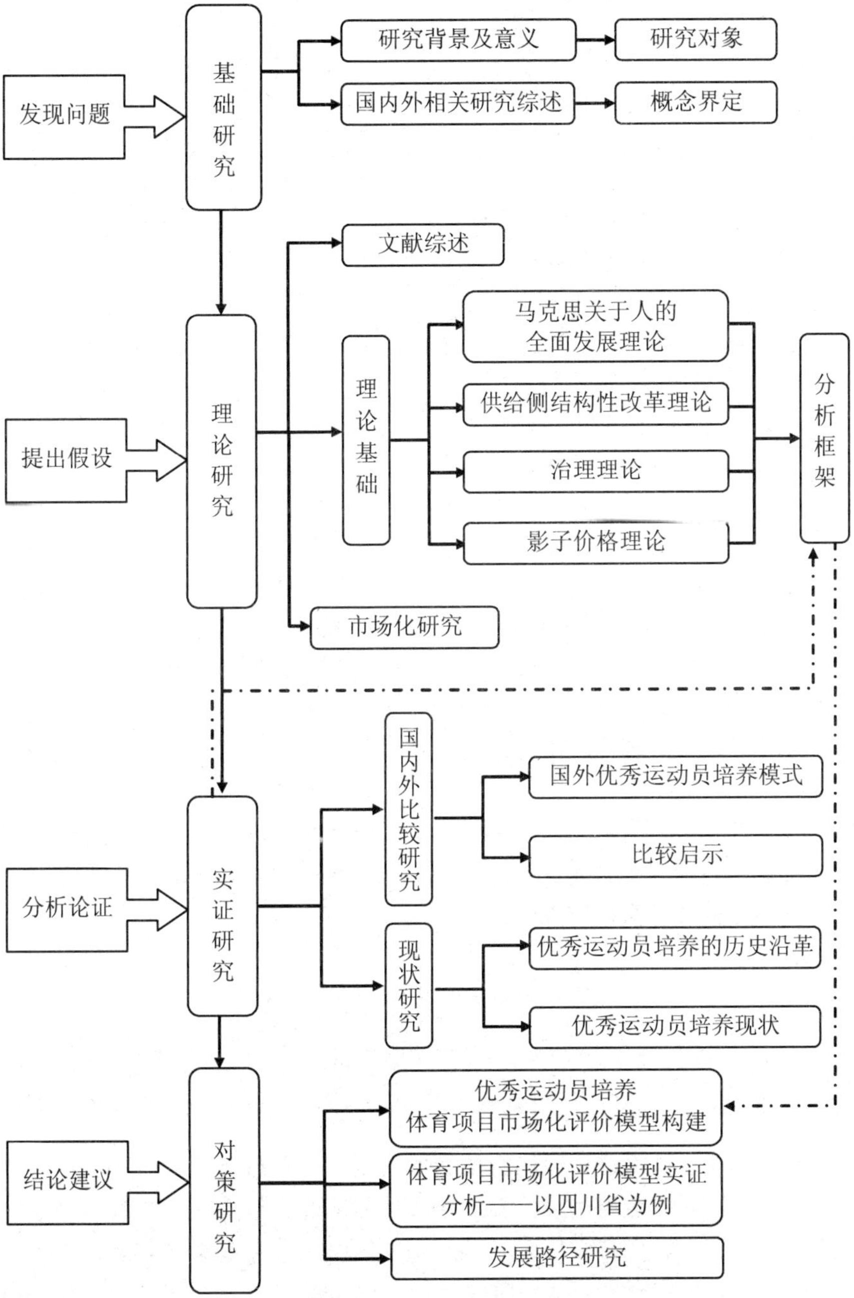
发现问题
基础研究
研究背景及意义
研究对象
国内外相关研究综述
概念界定
文献综述
提出假设
理论研究
理论基础
马克思关于人的全面发展理论
供给侧结构性改革理论
治理理论
影子价格理论
分析框架
市场化研究
分析论证
实证研究
国内外比较研究
国外优秀运动员培养模式
比较启示
现状研究
优秀运动员培养的历史沿革
优秀运动员培养现状
结论建议
对策研究
优秀运动员培养体育项目市场化评价模型构建
体育项目市场化评价模型实证分析——以四川省为例
发展路径研究

图 1-1 研究流程

第三章：我国优秀运动员培养及体制的建立。本章以人的全面发展理论与治理体系理论为指导，运用文献研究法对我国优秀运动员培养体制的建立发展历程进行了梳理，对现行体制中存在的问题进行了分析，对未来改革道路进行了展望。本章认为在新的历史条件下，完善与发展“举国体制”依然是我国竞技体育发展的主流价值判断与选择，实现优秀运动员可持续发展是我国优秀运动员培养的主要目标之一。

第四章：世界体育强国优秀运动员培养路径的经验与借鉴。本章运用文献研究法、比较研究法对世界体育强国的优秀运动员培养情况进行收集和研究，通过对部分体育发达国家体育管理体制、运动员培养路径等进行比较研究，得出对我国优秀运动员培养的启示与借鉴。

第五章：市场化机制下我国优秀运动员培养路径。本章以供给侧结构性改革理论为指导，结合我国经济制度改革进程，指出我国优秀运动员培养市场化路径对完善发展“举国体制”的重要意义和作用，分析市场化带来的机遇与挑战，对优秀运动员培养市场化路径提出建议与对策。

第六章：我国体育项目市场化评价模型构建。本章将以夏季奥运会项目为研究对象，尝试使用经济学中的相关原理及研究范式，尝试构建优秀运动员培养市场化细分的评价模型，对优秀运动员培养市场化路径予以更为明确的指导。

第七章：体育项目市场化评价模型实证分析。本章以四川省优秀运动员培养为案例，对第六章研究所得到的我国体育项目市场化评价模型进行实证研究与论证。

第八章：研究结论、建议与展望。本章将在前文的研究基础之上，总结提出我国优秀运动员培养的建议与对策，以期对相关政府在体育体制改革、建设健康中国等方面起到决策参考的作用。

第四节　创新与不足

一、创新

（1）本书基于我国优秀运动员培养的实践，在基础理论研究和文献综述的基础上，构建我国优秀运动员培养路径市场化的分析框架及结构方程模型。

（2）本书初步建立我国优秀运动员培养的市场化分类标准体系，以期对优秀运动员培养市场化程度进行分类指导。

（3）本书研究并提出新时代我国优秀运动员培养市场化路径的对策及相关建议，以加深认识我国优秀运动员这个特殊群体的培养路径的特征和规律，能够对我国体育行政部门制定优秀运动员培养策略举措提供科学的依据，为促进我国竞技体育可持续发展提供新的思路。

二、不足

（1）优秀运动员培养是一项复杂的系统工程，且关于此问题的理论研究和实践探索一直在不断前行，在深入研究的过程中发现需要运用到体育学、管理学、经济学等许多学科融合的知识来进行研究，遗憾笔者所学所思很有限，只能触其皮毛，深度不足。

（2）鉴于本书研究时间和经费的限制及所能采集到的数据非常有限，虽然提出了许多假设，却总感觉技术及样本的支撑不够，甚至其中很多内容还停留在理论探索层面。

本章小结：本章是研究的绪论部分，从研究背景入手提出了本研究聚焦的问题，对研究的意义进行了阐述，并根据研究目的和内容确定了研究方法以及研究流程。

第二章　文献综述与理论基础

【本章提要】 本章包括文献综合和理论基础两部分内容。第一部分通过对已有文献的整理分析，进一步明确了本研究所涉及的相关基本概念，综合运用知识图谱可视化分析与文献整理分析两种方法，一方面从“保量”的角度利用可视化分析软件对相关文献进行了一次“扫描”，力争文献收集的完整性；另一方面从“保质”的角度仔细研读了相关领域的一些核心观点文章，以确保在较准确了解研究现状的基础上进行更深一步的学习研究。第二部分对指导本研究的基础理论进行了梳理和阐述。

第一节　文 献 综 述

一、基于知识图谱的相关文献研究结构、热点及变迁分析

为了克服人工检索中难免有文献疏漏的问题，首先运用知识图谱对相关文献的结构、热点及变迁进行可视化分析，以便较为全面地对有关文献进行掌握。

运用美国华人学者陈超美教授研发的 Citespace 5.3.R4 可视化分析软件，在中国知网全文数据库（CNKI）收集相关期刊论文，融合了聚类分析、时间序列分析等多种方法，绘制了知识图谱，对优秀运动员培养相关文献研究的结构、热点及变迁进行了进一步的分析和解读。检索策略为：摘要=运动员培养 or 主题=“举国体制” or 主题=体育市场化 or 主题=市场指标体系 or 主题=体育指标体系，共检索核心期刊文献 1049 条，经过筛选符合条件的共 816 篇。其具体分析如下。

（一）核心作者、机构分析

通过核心作者与机构共现图可以看到，共有核心作者 36 人，核心机构 56 个。从关系线上来看（如图 2-1 所示），研究的核心作者之间的关联较为分散，作者之间的合作度不高，出现合作的一般以两点一线为多；研究的核心机构大多数以点状为主分布，相关合作较少。

从研究延续性来看（如图 2-2 所示），关于运动员培养体制研究问题，成都体育学院的研究时间较早、成果较集中在一个时段，但近年研究成果偏少；

北京体育大学的研究延续性最好、研究成果相对较多；同时，包括上海体育学院、南京体育学院、广州体育学院、华南师范大学体育科学学院等学校近年都对此问题进行了关注和研究，呈现出一批新成果。

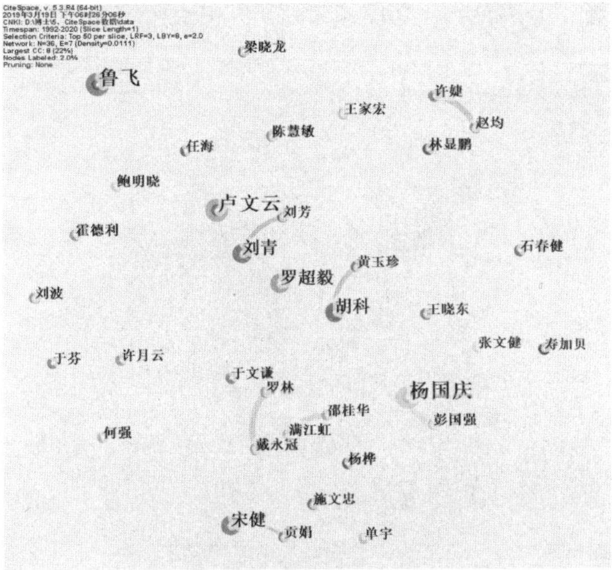

图 2-1　中文核心作者共现图

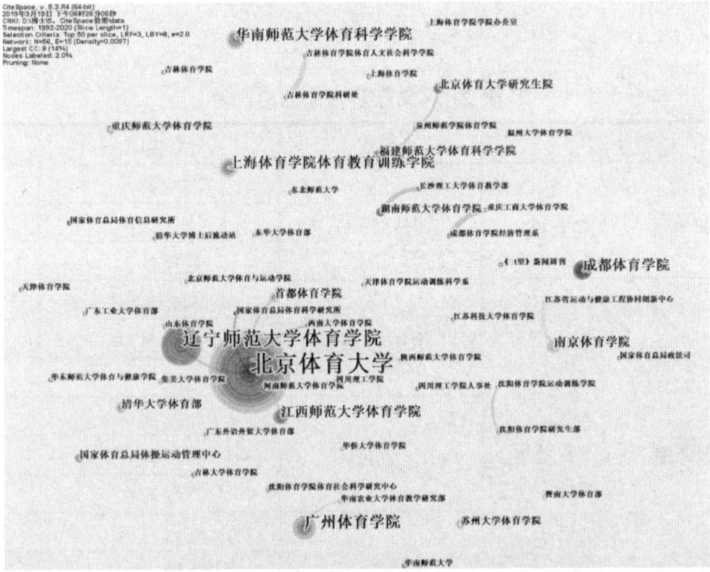

图 2-2　核心研究机构共现图

（二）聚类主题热点分析

为了更好地展示相关研究文献关键词的聚类结果（如图 2-3 所示），笔者对有关数据进行了分类分析，将中文文献研究热点归纳为以下三个主题（见表 2-1 所列）。

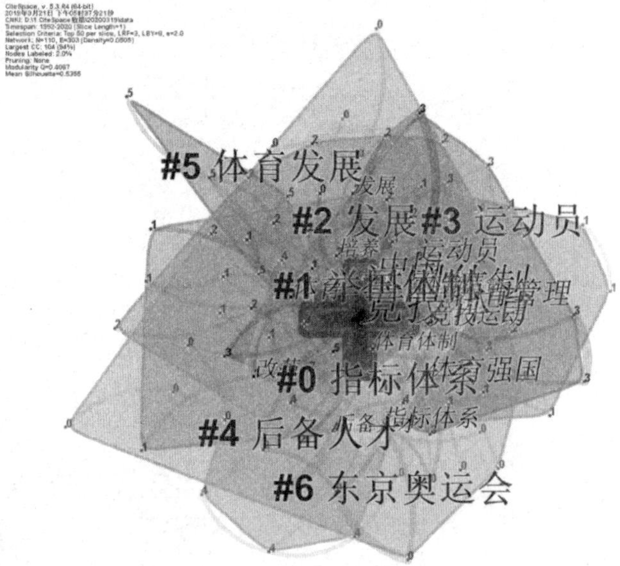

图 2-3　关键词的聚类结果

表 2-1　文献研究热点结构表

研究主题	类别	关键词	频次
体育强国与竞技体育	指标体系	指标体系	17
		体育强国	29
		竞技体育	218
“举国体制”与改革发展	“举国体制”	“举国体制”	169
		体育管理	37
		改革	13
	发展	发展	12
		体育教育	11
		培养	10
	体育发展	体育发展	3
		评价方法	2
		奥运战略	7

（续表）

研究主题	类别	关键词	频次
后备人才与奥运金牌	运动员	运动员	23
		竞技运动	16
		奥运金牌	5
	后备人才	后备人才	11
		培养模式	7
		体育社会学	9
	东京奥运会	东京奥运会	5
		奥运备战	4
		日本	2

1．体育强国与竞技体育

竞技体育是体育强国建设中不可或缺的一部分，该主题词频较高、相关研究成果较多。建设体育强国的提出，丰富和提升了体育的内涵与功能。从文献来看，对标体育强国建设目标，学界对竞技体育的新发展进行了较多的探讨。

2．“举国体制”与改革发展

该主题是三个主题中研究时间比较长、内容比较丰富的一个，研究的关键词是“坚守”与“改革”。如何在“举国体制”的大旗下守正出新，学界进行了激烈的讨论和深刻的展望，提出了许多有益的建议与构想，体现出当代许多学者的时代担当与责任。

3．奥运金牌与后备人才发展

由表（2-1）可知，对标奥运的策略研究是经久不衰的关注热点，以备战奥运为指挥棒，以优秀运动员培养、后备人才储备为重心依然是我国竞技体育改革发展的核心要义。

（三）文献主题变迁分析

通过图谱分析绘制了关键词变迁时区图（如图 2-4 所示）和时间线图（如图 2-5 所示），从这两张图中可以看出文献研究主题变迁过程与趋势。

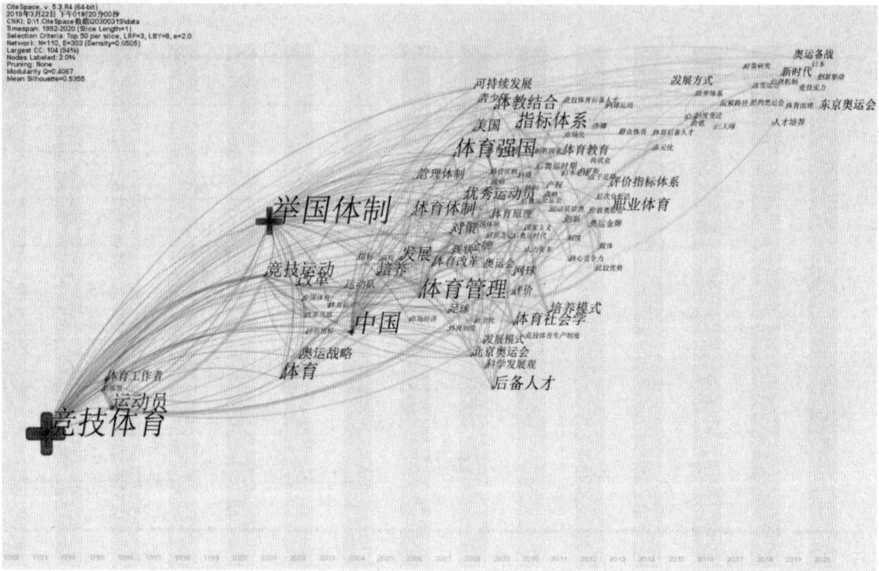

图 2-4　文献关键词时区图

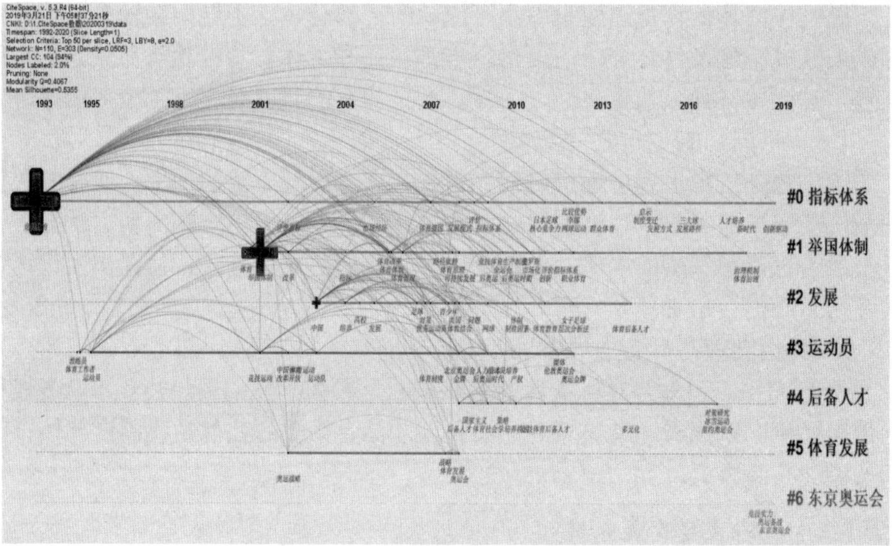

图 2-5　文献关键词时间线图

由图可见（如图 2-4 所示），理论界对体育领域的关注与研究，始终紧随我国体育事业发展中重大的节点事件，而在这一时间轴上（如图 2-5 所示），同时也体现了理论界对竞技体育发展规律性认识的不断深入与扩展。在 2001 年之前关注的重点是竞技体育发展，其核心是优秀运动员培养；到 2001 年我国申办 2008 年北京奥运会成功以后，竞技体育发展模式、路径成为学界的焦点；2008 年后，中国政府正式提出体育强国的新目标，虽然“体育强国”这四个字早在 20 世纪 80 年代就提出过，但北京奥运会圆满结束后，“体育强国”被赋予了全新的内涵与愿景，这也成为学界研讨的热点，同时出现了不少构建指标体系，用于探讨体育强国内涵和建设的研究。根据时区图和时间线图，结合本研究关注的优秀运动员培养路径，研究内容的演变大致可分为以下三个阶段。

1．竞技体育稳步发展——关注运动员培养（2001 年以前）

需要说明的是，笔者在进行图谱绘制文献收集时，为了确保文献和数据有较高质量和信度，选取了核心期刊文献进行收集分析。但由此产生一个问题，中国期刊网核心期刊统计年份是从 1992 年开始，所以绘制图谱的时间起点是 1992 年，导致 1992 年以前的许多优质的文献没有入图。为了弥补这一缺憾，笔者将相关文献收集与图谱绘制进行了整合互补，尽量确保文献研究的完整性。

从文献收集情况和图谱绘制来看，笔者查到第一篇介绍优秀运动员培养的文献是《论一级体操运动员的培养工作》（1960）[①]，这篇文献重点是从训练学角度对体操运动员训练进行了分析；第一篇研究优秀运动员培养体制的文献是《社会性质与竞技运动训练体制》（1986）[②]， 文章采用比较研究的方法，对社会主义国家（中国、苏联、民主德国）和资本主义国家（美国、日本、联邦德国）运动员培养结构、特点进行了较详细的介绍，认为各国管理体制各有利弊，旨在提供资料，引起更多学者的共同关注与研究。20 世纪 60—80 年代文献研究的总体特点是以单个体育项目居多，学习苏联、匈牙利、民主德国等社会主义培养模式的研究居多。1992 年，我国竞技体育开启职业化改革进程，对体育体制改革的研究逐步增加。在这一阶段对竞技体育的研究，总体呈现出比较平缓发展的状况。

2．竞技体育爆发式提升——争论运动员培养“举国体制”（2001—2008 年）

对竞技体育“举国体制”研究的爆发点在 2001 年。2001 年，我国申奥成功，对我国的重要性不言而喻，优秀运动员培养剑指 2008 奥运会。在备战 2008 时，选择怎样的运动员培养模式和路径成为学界关注的焦点。体育改革、体育体制、体育管理、市场经济等成为高频词。随着我国经济体制的转轨发展，对

① 斯莫列夫斯基. 论一级体操运动员的培养工作[J]. 赵育生，译. 北京体育大学学报，1960（8）：11-15

② 张争鸣. 社会性质与竞技运动训练体制——六国运动员培养结构比较[J]. 体育科技，1986（5）：8-12

我国优秀运动员培养体制的研究视野也不断扩展。转变政府职能，运用好市场与计划两种手段这一观点逐步成为学界的共识。

3．竞技体育可持续发展——探寻优化运动员培养路径（2008 年后）

2008 年，北京奥运会的辉煌成绩成为中国体育事业发展承上启下的转折点，2019 年，中国政府提出从“体育大国”向“体育强国”迈进的目标。中国体育如何实现转型？自 2008 年后的文献可以发现，学界纷纷将目光投向了未来，对我国体育发展道路展开了深刻而广泛的研讨与展望，寻找中国竞技体育可持续发展的道路。体育强国、发展模式、指标体系、职业体育、培养模式、后备人才、多元化、体教结合、制度变迁等许多涉及体育改革和发展的关键词成为高频词。值得一提的是，从时间线图上看到，在 2011 年后，在为数众多的体育项目中，“网球”成为高频词之一。笔者以为，2011 年正是李娜“单飞”后夺得中国乃至亚洲第一座大满贯单打冠军奖杯的时候。网球是体育项目市场化、职业化改革的先锋，李娜单飞的成功，可以看作是我国优秀运动员培养改革的成功案例之一，虽然关于网球职业改革的文献一直都有，但从 2011 年呈现出剧增趋势。

二、相关研究状况

（一）关于优秀运动员“举国体制”培养模式的研究

在中华人民共和国成立之后很长一段时间，“举国体制”在国民经济较落后的情况下，充分发挥了集中全国人财物资源的社会主义制度优势，培养了大批优秀运动员，为我国竞技体育的发展做出巨大的贡献，然而随着经济社会的不断发展和体育格局的演化，“举国体制”的局限性也日趋显露。对“举国体制”的研究起步较早，对其正面作用予以了肯定，并一早就有预见性地指出该体制无法回避的弊端与问题。众多学者怀抱对我国体育事业的热爱与责任感，就“举国体制”的改进进行了积极有益的探索，提出了众多有针对性和建设性的对策和意见。

关于对“举国体制”的内涵的研究始于 20 世纪 80 年代末。“举国体制”是在 20 世纪 50 年代，伴随国家计划经济的形成与完善而逐步形成的[①]，其产生与当时我国所处的时代背景、政治环境、竞技水平等密切相关。中华人民共和国成立之初，在经济水平、工业农业水平都较低下的情况下，以优异的竞技

① 孙汉超. 中国竞技体育的巨大进步得益于五大管理对策[J]. 武汉体育学院学报，2005（1）：1-5

体育提升中国的世界影响力成为我国体育事业发展的重点，提出了“国内练兵，一致对外”的竞技体育发展目标，与之相对应的便是在优秀运动员培养过程中采取了“一盘棋、一条龙、一贯制”的管理模式。在举国体制的强力推动下，我国竞技体育高歌猛进，实现了短时间内竞技体育成绩大幅提升的目标[①]。进入21世纪后，随着我国经济制度的转轨，对“举国体制”内涵的认识不断丰富，认为“举国体制”是基于对我国社会主义基本国情的判断和对标奥运会为最高层次的目标，以政府为主导，集中有限的人、财、物，同时动员和组织社会广泛力量参与，有效配置竞技体育资源，全国自上而下形成合力，形成的目标统一、结构合理、管理有序、效益优先、利益兼顾的竞技体育组织管理体制（李元伟，2003）[②]。

以“举国体制”为主体的我国优秀运动员培养模式，曾对我国体育事业做出了巨大的贡献，但也存在一些问题和缺陷，并随着经济社会的日益发展而逐步凸显。从笔者查阅的文献看，学者们从20世纪80年代就开始对优秀运动员培养中出现的问题进行了积极的思考与研究。这种对优秀运动员的培养完全采用“专才教育”的方式，重视运动员专项竞技成绩，相对忽视运动员成长期应进行的基础教育、素质教育，对优秀运动员的成长和可持续发展带来了一些问题，综合素质的缺失局限了运动员竞技水平的进一步提升[③]。

除此之外，“举国体制”对我国体育项目的平衡可持续发展产生了深远的影响。大部分优质体育资源投入在奥运项目和参加奥运会的一线队伍，导致我国体育项目发展的不平衡和二三线体育后备人才培养的投入不足，长远来看，这将影响竞技体育的可持续发展。2008年后，国家对体育的战略部署开始了全方位的调整，体育强国建设、健康中国建设成为主要目标，“举国体制”备战效率持续下滑，巨大的资金投入仅仅依靠国家和财政投入难以维系，对体制的过度依赖不再适应市场经济的发展步调，运行机制动态调整和管理技术创新明显不足[④]。

面对新时代建设体育强国新目标，坚持和完善“举国体制”，让其再次焕发强大的生命力，是体育体制深化改革的重要任务与必经之路。“举国体制”

---

① 卢元镇. 对社会主义初级阶段竞技体育体制特征的反思[J]. 体育与科学，1989（1）：11-13

② 李元伟，等. 关于进一步完善我国竞技体育“举国体制”的研究[J]. 中国体育科技，2003（8）：1-3

③ 韩月华，等. 优秀运动员素质教育探索[J]. 哈尔滨体育学院学报，1988（2）：83-84

④ 鲍明晓. 构建“举国体制”与市场机制相结合新机制[J]. 体育科学，2018（10）：3-11

的“国”字并非体育系统自身的“国”，只有调动起社会各方面的积极性，才可能真正建立“举国体制”。[①]充分发挥市场机制在体育发展中的重要作用，通过市场机制的引入和强化，聚资源、添动力、活机制、补短板和强弱项将成为历史的选择[②]。

与我国广泛研究“举国体制”的改革与完善相对，西方许多学者的研究点在于精英体育的发展。精英体育主要强调政府、管理部门通过顶层规划、政策调整、经费支持等形式强化对竞技体育的管理与扶持，且在国际体育竞争愈演愈烈的情况下，经营体育发挥着越来越重要的作用。“对于越来越多的国家而言，取得国际性比赛尤其是奥运会比赛的成功变得越来越重要，政治家和媒体都将奖牌视为国际成果的标准。因此，政府愿意投入更多的财政支持来干预精英体育的发展，从而导致了精英体育体系制度化程度不断提升。”[③]英国学者 Veerle De Bosscher（2016）通过问卷提取了竞技体育成功的 96 个关键因素及 750 个因子。其结论是：各国竞技体育虽然构成因素在广义上较为趋同，但是由于各国的政治、文化和社会因素的不同，各国的政策是不相同的，没有统一的模版可以使用[④]。

（二）关于优秀运动员培养多元化路径的研究

在以“举国体制”为主导的我国优秀运动员培养模式下，学者们也在培养多元化的道路上做了积极有益的探索。从 20 世纪 80 年代起，学者们就优秀运动员的“社会化”“学校化”到“市场化”培养进行了有益的探索，我国优秀运动员培养也呈现出从“单轨制”—“双轨制”—“多轨制”的发展趋势，社会力量、市场力量参与运动员培养成为学界的关注热点。

第一，体育院校培养优秀运动员。自 1979 年以来，原国家体育总局直属体育院校附属竞技体校已成为培养优秀运动员的主要形式。附属体校内设各单项

---

① 谢琼桓. 后奥运时代中国体育的价值取向和策略取向[J]. 东岳论丛，2009（12）：44-46

② 鲍明晓. 构建“举国体制”与市场机制相结合新机制[J]. 体育科学，2018（10）：3-11

③ Houlihan & M. Green（Eds. ），Comparative elite sport development[M]. London，2005：195–217

④ Veerle De Bosscher. Convergence and Divergence of Elite Sport Policies：Is There a One-Size-Fits-All Model to Develop International Sporting Success?[J]. JOURNAL OF GLOBAL SPORT MANAGEMENT，2016（11）：70-89

队，办学经费由体育运动委员会（简称体委）拨给[①]，按照建设“教学、科研、训练三结合基地”的指导思想，逐步形成“亦读亦训”的运动员训练管理模式[②]。体育院校培养的优势在于可以充分满足运动员全方面发展的需求，运动员综合素养的提升有助于解决优秀运动员退役后再就业的难题；此外，依托高校的科研能力，可以不断促进运动员训练的科技含量和水平。体育院校培养路径也存在一些亟待改善的问题，比如运动员身份的归属确认；没有建立相对独立完善的高校运动员培养体系，更多的是与政府合作、共建的形式；教练员专业素养有待提高；运动队经费来源单一、保障短缺；高校办学目标与高水平运动队发展目标的协调统一不够等问题[③]。第二，政府主导下的市场化培养路径。随着我国市场经济的发展，带有浓厚计划经济色彩的“三级训练体系”后备人才培养机制逐渐对我国竞技体育的发展形成制约和障碍[④]，学界进行了热切的关注与广泛的论证，主要观点认为，走政府与社会相结合、体教结合的运动员培养道路是我国竞技体育的发展趋势。随着市场经济的发展，一些体育项目走向社会、走向职业化，优秀运动员身份归属和运动员的投资主体发生了新的变化，俱乐部培养、个人培养等路径成为我国优秀运动员培养的有益补充。面对多元化的培养路径，如何实现“政府主导下的市场化”，问题的关键在于怎样使政府和市场二者有机结合。有观点认为应该根据不同项目的基础和规律，分步骤实现“双轨制”[⑤]；此外，还提出“增量改革”的概念，在原有体制“存量”不变的情况下，在增量部分首先实行新体制，然后，随着新体制部分在总量中所占比重的不断加大，逐步改革旧体制部分，最终完成向新体制全面过渡[⑥]。

优秀运动员教育问题是一个备受关注的问题，研究认为，多年来备受推崇的“体教结合”模式并没有完全“结合”和有效落实，因而运动员教育、全面发展以及就业过程中还存在着一些问题，没有真正培养出优秀的高水平运动员。

---

① 钱光鉴. 体育学院培养优秀运动员应提上重要日程[J]. 北京体育学院学报，1987(1)：1-3

② 杨桦，等. 新时期体育院校改革的重新定位[J]. 体育科学，2003（3）：3-7

③ 卢玲，等. 我国部分高校办高水平运动队的研究[J]. 体育科学，2003（5）：34-28

④ 刘青. 我国优秀运动员培养方式社会化研究[J]. 中国体育科技，2008（3）：3-5

⑤ 兰彤. 从“李娜现象”看中国乒乓球运动改革[J]. 南京体育学院学报，2011（12）：56-62

⑥ 胡利君. 中国职业体育发展研究[J]. 体育科学，2020（2）：28-40

以金牌为最高目标的培养体系和以人的全面发展为目标的教育体系还没有找到一个最优结合点。

（三）有关优秀运动员培养问题对策研究

优秀运动员只是一个运动员处于运动生涯黄金时期的称呼与定位，而青少年时期的成长与铺垫，退役后的人生、职业选择，才构成了完整的人生。面对优秀运动员培养出现的一些问题，学者们以问题为导向，从优秀运动员培养体制机制、培养路径模式、教育内容等多个视角对我国优秀运动员培养进行了有益的研究，提出了有价值的指导意见与建议。探索以素质教育和竞技体育为共同的目标，以“举国体制”和“市场化”为共同手段的优秀运动员培养路径。

1．优秀运动员文化教育方面

我国优秀运动员教育问题的实质及矛盾的症结在于：第一，在竞技体育“举国体制”下，国家包办了运动员的工资待遇、上学和第二次就业，然而随着社会经济体制的改革，这样的情况不可能持续；第二，优秀运动员文化教育与运动训练两个目标不能有机结合，各自强调自己的目标与规律。因此，要解决此问题，需要不断完善优秀运动员文化教育运行机制，将“体”与“教”真正结合，教育不仅包括文化知识的传授，同时还要对运动员进行人格教育、情商培养等，全方位提升运动员学习能力、判断能力、理解能力、思考能力和社会适应能力[①]。

2．优秀运动员培养路径革新

虽然从目前来看，优秀运动员培养社会化路径还处于初级阶段，市场没有形成、总体规模较小，并未成为主流的发展趋势，但从长远来看，社会化路径将是趋势所在。高校高水平运动队会逐渐成为未来优秀运动员培养的主要途径之一。高校培养高水平竞技人才一方面可服务于我国竞技体育发展，另一方面能将体育作为教育培育学生的重要手段，促进学生的全面发展和体育文化的普及[②]。高校必须充分发挥自身优势，以参加世界大学生运动会为目标，以招生改革为龙头，以生源基地建设为重点，以训练竞赛为核心，以中国竞技体育发展的整体战略为导向，依靠走社会化、科学化的道路，实行分级办队，以达到

① 虞重干. 我国优秀运动员文化教育理念的重构[J]. 上海体育学院学报，2007（3）：55-59

② 刘芳，等. 社会化——我国优秀运动员培养方式的新选择[J]. 武汉体育学院学报，2007（8）：52-55

促进高校高水平运动队持续、快速、健康发展的目的[①]。

3. 优秀运动员的流动问题

可以预见，在体育改革市场化程度加深、体育职业化进程加快的情况下，优秀运动员作为竞技体育最重要的有限资源，资源的配置、人才的交流将逐渐由政府转移到市场。有学者也对转型期运动员身份归属问题进行了大胆的设想，提出“金字塔”式运动员培养模式，其中一个核心内容涉及运动员产权转换和利益再分配，具体是将优秀运动员培养分为四个阶段，政府在前两个基础阶段发挥主体作用，当运动员人力资本的逐渐形成开始转化为经济价值时，政府功能逐步减退，而转由市场主导，完成完全的职业化、市场化发展[②]。

4. 优秀运动员社会保障体系的完善问题

建立优秀运动员社会保障体系是实现我国竞技体育可持续发展的关键所在。优秀运动员作为特殊的职业群体，他们所从事的工作具有周期长、投入高、运动生命短、风险不确定等特点，如果没有进一步完善运动员教育机制，加之没有健全的社会保障体系兜底，会影响体育择业积极性。因此，要进一步完善我国优秀运动员的社会保障机制，保护运动员的合法权益，优化优秀运动员成长成才全通道，充分调动优秀运动员的竞赛和训练的积极性[③]。

（四）关于我国优秀运动员培养按项目分类的研究

笔者以项目分类为出发点，对我国以运动项目为分类标准而进行的市场化研究进行了文献收集。在文献收集过程中，发现此前研究主要集中在运动项目管理体制改革的进程、运动项目协会的实体化等方面，对不同项目市场化分类研究的起步较晚，且各项目间市场化程度也存在先天与后天的较大差异。笔者从运动项目管理体制改革进程研究中得到一些启发，以分析项目市场化为目标，进行了文献的收集梳理。

所有的体育活动都需要落脚到一定的体育项目上。在对体育市场化分析的时候，同样需要落脚到每一个具体的项目上进行微观的研究，如可以将项目分为职业化和非职业化项目、群众体育和竞技体育项目等[④]。在竞技体育市场化

---

① 唐明智. 我国高校高水平运动队系统运行机制及改革与发展思考[J]. 北京体育大学学报，2007（1）：87-89

② 陈美红，等. 我国竞技运动员培养的制度诉求——对“双轨”制度实施的研究[J]. 广州体育学院学报，2017（4）：20-23

③ 陈林祥. 我国优秀运动员社会保障体系的研究[J]. 武汉体育学院学报，2002（5）：12

④ 孙汉超. 对我国运动项目系统管理的思考[J]. 武汉体育学院学报，2001（3）：1-2

的道路上，应实事求是、分类指导，在奥运战略之下，优化各项目的结构，做到重点突出、配置合理，使我国奥运会项目发展不平衡的局面有所改观①。对项目管理体制改革研究认为，各个项目应该根据自身的特点、市场发展前景、职业化程度等的不同来选择管理模式的改革和创新。受众广、市场前景好、职业化程度高的体育项目，其项目管理中心可转变为事业性协会实体；职业化进程艰难，市场前景堪忧的体育项目，其项目管理中心可以转变为事业性协会实体；不具备市场化条件，但仍属于奥运争光项目类，则应继续留在政府投入为主的协会管理②。有学者选择了我国 30 个运动项目进行比较研究，研究结论包括：对于市场效益和回报高、民间资本兴趣浓厚的项目，国家应该将发展的主体让给民间资本；而被市场忽略的项目，市场回报低、项目对身体伤害较大的项目则应有政府“兜底”，保证其健康有序的发展③。近年来，关于运动项目分类发展战略研究的著作《体育强国进程中的体育体制改革》，将我国体育运动项目按照“传统优势项目”“奥运基础大项”“三大球”“非奥运项目”进行分类，对不同类运动项目的体制改革问题进行了深入细致的分析④。

（五）关于我国体育项目市场化指标体系的研究

构建体育项目市场化评价指标体系能够以量化体育项目市场化发展的态势，更好地对体育项目市场化改革进程进行评估、比较和分析，为决策提供科学依据。从笔者收集整理的资料看，对体育市场经济效益指标化的研究出现在 20 世纪 90 年代初期。1992 年，以足球职业化为代表的体育市场化改革为体育事业的发展开启了一扇大门，也带来了更多关注的目光。《体育投资经济效益——指标体系初探》（1993）是笔者找到的第一篇相关文献，文中提到对体育投资经济效益进行考核、评价、比较，有利于树立社会主义市场经济体制下的体育产业观念，有利于促进体育管理部门加强管理，优化体育资源配置⑤。

① 辛沂. 浅析我国奥运重点项目的布局[J]. 体育文史，1997（3）：15-17

② 钟秉枢，等. 我国竞技体育职业化若干问题的研究[J]. 经济研究导刊，2010（4）：184-187

③ 陶双彬. 国家、市场与资源配置：体育项目的群分化与比较研究[J]. 体育科学，2010（2）：41-47

④ 刘青，等. 体育强国建设进程中的体育体制改革[M]. 北京：人民体育出版社，2015

⑤ 霍照，等. 体育投资经济效益——指标体系初探[J]. 山西财经学院学报，1993（4）：62-64

体育作为第三产业，有其自身的价值和使用价值，但这两种价值都难以进行准确的衡量，如对竞技体育效益的评价既不能单以金牌数量衡量，也不可能准确计算出得到一块金牌所消耗的与得到的。学界对于如何将体育市场化进程中一些“模糊”的价值进行量化研究进行了积极的探索，构架评价体系是一种较常使用的方法，包括建立体育强省评价指标、群众体育指标体系、体育产业统计指标、竞技体育可持续发展评价指标体系等。对于竞技体育评价指标体系构建，有研究运用社会评价理论，按照“文化-资源配置-机制-效益”的评价模式，构建起由竞技文化、管理体制、资源配置、运行机制和效益表现构成的评价指标体系；有研究运用竞技体育效益评价“投入—活动—产出”体系（“IPO”模型）构建指标体系[①]。比利时学者 Veerle De Bosscher 探讨了欧洲精英体育政策体系与国际比赛成功之间的关系，通过采取欧洲六个样本国家数据，建立概念模型，确定了精英体育的资金支持、为全国性体育组织提供资金支持、体育政策的组织和结构、运动参与、人才选拔与发展、运动生涯和退役保障、训练设施、教练配备及教练发展、国际竞赛、科学研究九个支柱性驱动因素，并进行了定性和定量数据收集，研究结论指出政府的关注在体育竞赛成果的过程中扮演越来越重要的角色，四个最重要的成功因素是资金保障、大众体育事业的支撑、训练设施和教练的发展[②]。

三、核心概念的界定

（一）优秀运动员与职业运动员、专业运动员

“优秀运动员”这一称谓，最早出现在 1980 年 4 月 15 日，由国家体委、民政部等部门联合印发文件《关于招收和分配优秀运动员等问题的联合通知》中首次使用。“在党中央和国务院的关怀下，我国已建立起一支又红又专的优秀运动员（原称专业运动员）队伍，对推动我国体育事业的发展，提高运动技术水平起了很大的作用。”[③]

在学术领域，我国对“优秀运动员”尚没有一个明确的界定。一般又称“高

---

① 钟泽. 新时期我国竞技体育评价指标体系的构建[J]. 沈阳体育学院学报，2010（2）：41-43

② Veerle De Bosscher. Explaining international sporting success：An international comparison of elite sport systems and policies in six countries[J]. Sport Management Review，2009（12）：113-136

③ 张薇. 优秀运动员个性化培养的研究[D]. 北京：北京体育大学，2009

水平运动员”，有的专指省级运动队以上的专业运动员，有的专指高校高水平运动员，有的专指职业运动员，也有将以上界定都纳入优秀运动员称呼。钟秉枢将优秀运动员界定为，我国优秀运动队中的运动员，他们以参加体育运动训练和比赛为生，原称专业运动员，又称体工队员①。刘青认为“优秀运动员”是我国“举国体制”为核心的体育管理体制下的特定称谓，特指肩负冲击世界运动技术水平高峰任务的一线队伍中的运动员②。

在本书中，“优秀运动队”是指代表国家争得荣誉的高竞技水平的群体。“优秀运动员”是指优秀运动队中的运动员，他们以参加体育运动训练和竞技比赛为职业。在改革开放以前，他们被称为专业运动员，是在计划经济体制下专门从事体育运动竞赛的人员。在我国三级训练体系中，优秀运动员处于“金字塔”的顶端，主要指在省级以上属于国家编制并有工资待遇的运动员群体。改革开放后，随着市场经济的繁荣发展，体育走向了市场化，围绕某一项目逐步形成了盈利的商业化体系。运动员作为商业化体系中的一环，将体育运动训练和竞赛作为一种职业，参与体育运动训练和竞赛，并从中获取报酬，这一部分运动员被称为职业运动员。足球项目是我国最早走向职业化和市场化的体育项目，中国最早的职业运动员是足球运动员。

（二）优秀运动员培养的社会化、职业化与市场化

1. 社会化

社会化原本属于社会学范畴，指个体的人从生物人发展成为社会人的过程，其本质是探讨人与社会的关系问题。本研究所提到的优秀运动员培养社会化，是指有别于我国优秀运动员培养专业化而言的一种运动员培养方式和路径，旨在通过增强全社会参会体育意识、增加体育人口数量、调动全社会参与从事体育的积极性，使体育成为社会生活的重要组成部分，从而为优秀运动员的培养奠定坚实的基础。

2. 职业化

本研究提到的职业化，是指将体育运动训练和竞赛作为一种职业。参与体育运动训练和竞赛，并从中获取报酬的运动员被称为职业运动员。运动员培养职业化是相对于运动员培养专业化的一个概念，是运动员培养的具体模式。与

---

① 钟秉枢. 成绩资本和地位获得——我国优秀运动员群体社会流动的研究[M]. 北京：北京体育大学出版社，2007：170

② 刘青. 我国优秀运动员培养方式社会化研究[J]. 中国体育科技，2008（3）：3-5

计划经济体制下体育所有活动依靠政府拨款得以维系不同，体育职业化主要是依靠社会，通过商业化的经营运作获得利润，从而推进体育运动管理、训练和竞赛活动的持续进行①。

3．市场化

市场化是指经济制度由政府管制型经济向市场经济转变的过程②。市场化是一个动态的过程，是资源配置方式由政府行政分配向市场调节的转化。优秀运动员培养市场化是相对于运动员培养举国体制而言的，是较为宏观的运动员培养路径。其核心要义在于政府职能的转换，政府逐步将原由政府管理调配的体育资源放权于市场，在政府管理弱化与市场化强化的转换过程中，使资源和要素得以更优化配置，进而提高效率，推动社会的发展。

从20世纪90年代开始，我国体育改革的基本任务是围绕“社会化”和“产业化”的方向进行的。“社会化”和“产业化”的体育改革思路，既要适应我国经济社会转型的要求，又是为了改变体育资源由社会向国家体委系统集中的状态。在体育资源配置的主体方面，由国家体委配置为主，转为国家体委和社会共同进行配置的状态；在体育资源配置的方式上，由计划方式为主，转向计划和市场结合的方式③。

在本研究中，优秀运动员培养市场化是一个广义的概念，优秀运动员培养市场化是相对举国体制（国家化）而言的，重点强调的是在优秀运动员培养过程中，如何契合当前国家经济体制改革与体育改革，以促进我国竞技体育健康可持续发展为目标，改变长期以来由政府投入作为主体的培养方式，更有效地挖掘和广泛利用社会资源，依据优秀运动员培养的社会化和职业化方式，构建以市场化方向为主的优秀运动员培养途径，实现优秀运动员培养的健康可持续发展。

四、评述

综上所述，众多专家学者都对优秀运动员培养领域做出了卓有成就的探索研究，研究成果丰硕，不断充实完善着竞技体育理论，同时，这些论文和著作为本研究提供了丰富的素材和良好的借鉴，但是，依然存在可以进一步探讨与

---

① 陈彩香. 试论我国体育的社会化、市场化及职业化发展[J]. 西安体育学院学报，2001（4）：19

② 金玉国. 市场化进程测度：90年代成果总结与比较[J]. 经济学家，2000（5）：90-95

③ 程林林. 当代中国体育利益格局演化研究[M]. 北京：学习出版社，2001：161

提升的空间：第一，研究视野有待更新。虽然我国优秀运动员培养是一个老生常谈的问题，前辈们在优秀运动员培养路径中也做了积极有益的探索，收获了宝贵的经验，取得了一些进步。但是，随着我国经济社会、教育和竞技体育的不断发展，特别是在市场对资源配置起决定性作用的经济体制改革浪潮中，我们面临着新的问题和挑战，这要求我们必须进一步解放思想，大胆求证假设，将优秀运动员培养放入更宏大的时代背景，用更新的观念、更广的视角与更创新的方法去认识、解决问题。第二，研究方法有待创新。随着优秀运动员培养的多元化趋势日趋成熟，优秀运动员培养体系将会越来越庞大与复杂，相对单一和传统的研究方法已经无法满足研究实践的需要，需更大胆地运用交叉学科理论，在更宽阔的学术领域寻找新的学术理论、研究方法，更多地将市场经济理论、人力资源开发管理、社会治理等理论引入优秀运动员培养研究领域，进一步丰富和完善该领域的研究。本书拟综合运用马克思关于人的全面发展理论、制度创新理论、治理理论等，尝试构建分析框架和评价指标体系。第三，宏观研究多，微观视角少。一般都是广泛针对我国"举国体制"下所有优秀运动员培养进行的宏观研究较多，提出具有普遍性的指导意见与建议；其中虽然也有针对个别运动项目，如竞技体操、职业足球等单项运动进行研究的文献，但总体而言，以项目为微观研究对象，建立优秀运动员培养路径按项目市场化程度分类指标体系的比较少，这也是本研究力求得以突破的一点：拟构建运动项目市场化程度评价模型，就不同运动项目的优秀运动员培养路径研究做出有益的探索。

第二节　理 论 基 础

一、马克思关于人的全面发展理论

（一）基本概念

"人的全面发展"是马克思主义的基本原理之一，是马克思主义哲学理论中重要的内容。马克思认为，人的全面发展是指人的体力、智力以及才能、志趣和道德品质多方面的统一发展，主要包括人的活动的全面发展、人的社会关系的全面发展、人的素质的全面提高和人的个性的全面发展。实现人的全面发展的唯一方法是教育与生产劳动相结合。

（二）理论运用

从马克思主义理论中国化的角度来看，马克思关于人的全面发展理论是我国教育方针的理论基石。马克思关于人的全面发展理论与中国体育事业的结合更是马克思主义中国化的一次积极探索与实践，在毛泽东思想、邓小平理论和系列中国特色社会主义思想中都有所体现，特别是进入新时代后，马克思人的全面发展理论所蕴含的丰富内涵对我国现今民主政治建设、教育事业改革、体育事业改革等人类社会发展的方方面面都依然有非常重要的现实价值和指导意义。以人为本，坚持人民为体育主体的中国特色体育思想进一步确立，增强人民体质、提高全民族身体素质和生活质量，始终是我国体育事业发展的根本宗旨——这与马克思主义关于人的全面发展理论一脉相承又与时俱进。

从体育的本质与功能来看，现代体育的精神基石是奥林匹克主义，人的和谐发展是奥林匹克主义的中心思想，体育运动与教育、文化的结合是实现人和谐发展的途径。优秀运动员作为体育领域的杰出群体，象征人类智力与体力的完美结合，代表了追求卓越、拼搏进取、公平公正、热爱祖国、团结协作等价值观，更贴近于“人的全面发展”目标。在我国优秀运动员培养的过程中，出现了体育的发展与人的全面发展相背离的异化现行,往往为了片面地追求成绩，而忽视了运动员作为人全面发展的权利。从体育发展的漫长历史来看，这些异化现象是需要正视并予以纠错的阶段性问题，需站在新时代建设体育强国、提高整个中华民族文明素质的维度来深刻认识优秀运动员全面发展的重要性和必要性。因此，以马克思关于人的全面发展理论为指导，以人为本，实现优秀运动员的全面可持续发展是本研究的出发点、落脚点，也是贯穿全文的核心基调。

二、供给侧结构性改革理论

（一）基本理论

供给侧改革理论是供给学派提出的“供给经济学”“供给方面经济学”的分支，是一种着重从供给方面考察经济现状和寻求对策的一种经济理论。投资、消费、出口——拉动经济增长的“三驾马车”，从经济学角度看属于“需求侧”的三大需求，与之对应的是“供给侧”，也就是生产要素的供给和有效利用。供给学派出现于20世纪70年代的美国，强调经济的供给方面，认为生产的增长决定于劳动力和资本等生产要素的供给和有效利用。在供给学派基础上发展出的新供给主义，主张通过放松供给约束，解除供给抑制，让新供给创造新需求，才能提升经济的潜在增长率。其主要代表有蒙代尔、拉弗、吉尔德等。

供需平衡是经济学中经常讨论的一个问题，即是从需求侧调控还是从供给侧调控，二者的主要区别在于：供给侧是专为社会生产提供商品或服务的方面；需求侧是消费商品或服务的方面。从需求侧调控主要是通过增加财政收入、货币贷款来刺激需求，或用减少财政收入和减少信贷来抑制需求；从供给侧调控主要在于经济结构的调整，包括产业政策、技术政策、资源配置的调整，这些调整又被称为中期调控，是不能在短时间内见效的。

供给侧包含两个基本方面：一方面，生产要素投入，如人力投入、资本投入、政府管理投入等；另一方面，全要素生产率提高，包括制度变革、结构优化和创新驱动等要素，其中制度变革是源动力[①]。

（二）理论运用

本研究所提到的供给侧结构性改革，主要借鉴于该理论中国化后对我国体育事业结构性改革的积极启示与作用。2015 年，在中央财经领导小组第十一次会议上，习近平总书记首次提出“供给侧结构性改革”。他指出，我国当前经济发展进入新阶段，在适度扩大总需求的同时，要着力加强供给侧结构性改革，改革供给侧的质量和效率，以此增强我国经济长期稳定发展的新动力[②]。在西方供给学派理论中，提到的是“供给侧管理”，而中国强调的是“供给侧结构性改革”，从“管理”到“结构性改革”，可以看出，供给侧结构性改革是由政府主导，又面向自我的改革。

推动我国优秀运动员培养“供给侧”改革的时代意义在于，在国家提出“健康中国”建设的战略格局下，我国优秀运动员的培养不仅仅是要完成竞技体育争金夺银的任务，更要在推动我国体育职业化、产业化、市场化发展过程中，提供最为核心宝贵的人力资源。供给侧结构性改革能进一步扭转我国优秀运动员培养对行政力量过度依赖的传统观念；能进一步转变政府职能、合理确定政府管理及明确政府在运动员培养中的责权；能进一步提升运动员培养质量；能引导助推体育市场的发育成熟。国家体育总局发布的《体育发展“十三五”规划》指出：经济发展新常态和体育供给侧结构性改革对体育与经济社会的协调发展提出了要求……建设健康中国、全民健身上升为国家战略，将为体育发展提供新机遇。

① 朱克力. 供给侧改革引领“十三五”[M]. 北京：中信出版集团，2016（3）：67

② 国家行政学院经济学教研部. 中国供给侧结构性改革[M]. 北京：人民出版社，2016

三、治理理论

（一）基本概念

治理理论兴起于20世纪90年代的西方国家，其兴起是基于西方社会志愿团体、社区组织、民间组织等力量的发展壮大，它们越来越多地介入社会公共活动并发挥日益重要的作用，这一现象引起了理论界的关注，他们开始更多地反思政府与市场、政府与社会的关系。治理理论的基本观点是治理主体的多元化，包括政府、社会组织、私人机构和公民，等等。治理理论超越了传统以国家为中心的政治思维，肯定了社会的力量和作用。各种力量在一定的规范约束下，以多种形式共同行使主体权利，形成一个上下协同、互为补充和支撑、多维度的管理体系。治理理论的兴起，拓宽了政府的改革视角，现今它被越来越广泛地运用于政治、经济、社会和文化等诸多领域，成为社会公共管理的发展潮流。

（二）理论运用

我国治理理论有自身的发展历程和特点。早在中华人民共和国成立以后，多党合作和政治协商制度便成为我国的一项基本政治制度，在国家的建设与发展中贡献了重要的力量。随着改革开放的深入，我国制度建设不断完善，社会治理体系进一步丰富。党的十六届三中全会首次提出了“推进国家治理体系和治理能力现代化”这一重大命题；2019年10月，党的十九届四中全会通过《中共中央关于坚持和完善中国特色社会主义制度、推进国家治理体系和治理能力现代化若干重大问题的决定》，为当代中国治理体系谁来治理、怎样治理给予了明确的方向。其中，传统管理与现代治理的一个最关键区别在于“管理主体多元化以及管理运行下沉”，这成为发挥市场决定性作用、激发社会力量的重大助推器。

在本研究中，治理理论为我国优秀运动员培养路径市场化研究奠定了更坚实的理论基石，同时也为路径发展指明了方向。

四、影子价格理论

（一）基本理论

20世纪30年代末，“影子价格”首次由荷兰经济学家詹恩·丁伯根提出，“影子价格”的主要观点是以资源的有限性为出发点的，运用线性规划的数学方法计算，以资源最佳配置作为价格形成的基础。影子价格反映了社会经济处于某种最优状态下的资源稀缺程度和对最终产品的需求情况，有利于资源的最优配置。1959 年，苏联经济学家列·维·康特罗维奇出版《经济资源的最有利用》一书中提出“最优计划价格”理论，“最优价格”与“影子价格”内容基本相同。由于两人所处社会制度不同，其理论的出发点亦有区别。前者的理论主要用于自由经济中的分散决策，而后者的理论主要用于计划经济中的集中决策。

影子价格理论的出现对于投资项目的选取、合理资源配置、制定价格政策等方面都具有重要的作用。

（二）理论运用

在国外，影子价格理论普遍被运用到世界经济的诸多领域，如投资项目的分析评价、分析不同地域的经济差别问题等，在中国也逐渐被关注并在越来越多的领域被研究运用。由于竞技体育既是一种文化现象和经济现象，又具有非常重要的社会意义和政治意义，因此，对竞技体育价值的衡量具有多元化、多变化的特点。国家战略、社会需要、市场需求和运动员个体诉求的角质，使优秀运动员培养路径的改革既迫切又负责，牵一发而动全身。因此，对竞技体育市场价值的衡量不能由单一市场价格来定，这与影子价格理论的适用领域相近，所以本研究将尝试用影子价格对竞技体育项目的市场价值进行量化。

本章小结：本章综合运用知识图谱分析法和文献分析法进行了综述，逐步梳理出有纵向脉络、有当前热点、有演变趋势的既有研究体系，对本书的研究有积极的启示作用。笔者在以往优秀运动员培养相关文献研究的基础上，尝试从微观的角度，建立体育项目市场化评价模型的研究思路与方法。在基础理论部分，综合运用了马克思主义关于人的全面发展理论、供给侧结构性改革理论、治理理论等作为本研究的理论基础依据，使它们串起了本书的内在逻辑体系。

第三章 我国优秀运动员培养及体制的建立

【本章提要】 中华人民共和国成立以来，我国竞技体育从积贫积弱跻身世界竞技体育第一梯队，这其中，优秀运动员培养“举国体制”是实现我国竞技体育的超常规发展的重要经验和制胜法宝。伴随中国经济社会的迅速发展与深刻变革，在面临新的挑战和问题的情况下，坚持并不断完善“举国体制”，依然是我国竞技体育发展的主流价值判断与历史选择。

第一节 我国优秀运动员培养体制的建立

一、“举国体制”培养模式的奠基与初创期（1949—1978）

（一）时代背景

中华人民共和国成立以后，国家为了发展体育运动，快速提高我国体育在国际竞技体育队列中的水平，提升国家综合实力和对外形象，在中国社会主义初级阶段基本国情的基础上，同时，借鉴学习了苏联等社会主义国家发展竞技体育的模式与成功经验，形成了发展“举国体制”的竞技体育基本方针和战略规划。“举国体制”的内涵主要是指在社会主义初级阶段基本国情和我国竞技体育水平条件情况下，国家集中相对的人力、物力和财力，最大限度地调动国家和社会等方面的积极性，有效配置竞技体育资源，在全国上下形成合力，以争取在以现代奥运会为代表的各类国际竞技体育比赛中获得优异成绩，为祖国和人民争得荣誉[①]。

（二）发展与成效

在这一历史阶段内，中国的体育经历了曲折的发展历程，但也在特定的历史背景下初步形成了具有中国特色的体育指导思想、管理体制和实践体系。这一阶段是中国特色体育发展道路的探索和形成时期。在这段时间内，中国的体

① 梁晓龙，等. 举国体制[M]. 北京：人民体育出版社，2006

育经历了百废待兴的奠基期（1949—1952）、中国体育管理体制与实践模式的探索与建设（1952—1958）、中国退出国际体坛后独立发展（1958—1966）、中国体育的挫折与复苏（1966—1978）。

1951年，成立了中国人民解放军体育工作大队，随后各大军区相继成立了各自的体工队，1952年，中共中央军委正式命名解放军体工队为“八一”体工队，同年成立了国家体育运动委员会，并创建了“中央体训班”。“中央体训班”的主要任务是为国家培养优秀运动员，迅速提高体育运动技术水平，为国争光。随后各行政区相继成立体育训练班，为各个省区市建立专业体工队奠定了基础。在1951—1956年期间，为了实现与奥运会比赛项目的对接，我国先后成立了篮球、排球、田径、乒乓球、游泳、羽毛球、体操运动项目的国家队。1952年，中国代表队参加了赫尔辛基奥运会，这是中华人民共和国成立后第一次参加奥运会。在当时有关文件中明确提出，我国发展竞技体育指导思想和发展目标是：不断提高运动技术水平，奥运争光。中共中央组织部和共青团中央联合下发了《选拔各项运动选手集中培养的通知》，在文件中指出：由于中国过去体育基础差，与今天国家的地位极不相称，此种情况亟待改变。

1965年召开的全国体育工作会议上，提出建立国家和省市两级优秀运动队，逐步形成了从中央到地方的运动训练体系。时任国家体委主任的贺龙副总理明确提出“思想一盘棋、组织一条龙、训练一贯制”和“国内练兵、一致对外”的竞技体育发展思想和基本原则。在这一总体思想的指导下，各省、市、自治区和解放军运动队都将竞技体育赶超世界先进水平作为一项光荣的政治任务，逐步建立起基层运动队—业余体校—重点业余体校—体工队的训练网，竞技体育“举国体制”的雏形基本确定。

二、“举国体制”培养模式的形成与发展期（1979—1994）

（一）时代背景

1978年12月，十一届三中全会在北京召开，会议彻底清除了“四人帮”对我党工作留下的遗留问题，提出了改革开放的伟大决策，这是我党中华人民共和国成立以来的一次伟大的历史转折，体育改革的外部环境也发生了翻天覆地的变化。会议决定把全党工作的着重点和全国人民的注意力转移到社会主义现代化建设上来，开启了我国改革开放历史新时期。改革开放以后，中国由计划经济向市场经济转轨，社会生产力得到了极大的发展。1979年10月，国际奥委会通过了著名的“名古屋”决议，我国重返奥运会大家庭。1984年10月，中共十二届三中全会标志着中国经济改革重点从农村转向了城市，国家社会主义市场经济体制的改革继续深化。紧随经济社会发生的深刻变化，1986 年 4 月，国家体委在反复调研、征求意见、充分酝酿的基础上，出台了《国家体委关于体育体制改革的决定（草案）》，决定制定了 10 个方面 53 条改革措施，确立了以社会化为突破口，以竞赛和训练改革为重点的改革思路，从此，我国体育事业在管理体制、训练体制、竞赛体制等方面的改革全面启动。1992 年 6 月，中国足协在北京西郊红山口召开工作会，这是中国足球职业化改革的起点标志，就此拉开了我国竞技体育职业化改革的序幕。

（二）发展与成效

1979 年 3 月召开的全国体育工作会议上明确提出如下目标，要开好全运会，积极做好参加奥运会的准备工作；力争 1980 年要有三分之一的项目接近和达到世界先进水平；积极备战 1980 年第 22 届莫斯科夏季奥运会（后未参加莫斯科夏季奥运会），并延续思想一盘棋、组织一条龙、训练一贯制的原则，对全国竞技体育的发展进行了安排部署。由于当时我国竞技体育发展处于停滞状态，个别运动项目的运动成绩达不到奥运会报名标准。

1980 年 1 月，邓小平出席了全国体育工作会，并做重要指示，要大力提高我国竞技运动技术水平。同年 2 月，国家体委正式文件中指示，鉴于运动技术水平落后已成为突出薄弱环节，因此，今明两年，国家体委和省一级体委在普及和提高相结合的前提下，侧重抓提高。继而，国务院正式批准了国家体委在当时的历史条件下“侧重抓提高”的竞技体育发展指导方针，“举国体制”以国家意志的形式得以固化，我国的竞技体育在领导体制、训练体制、竞赛体制等各个方面都有具体的政策出台，这为 1984 年洛杉矶奥运会我国取得突破性成绩奠定了基础。从某种意义上说，在改革开放初期，竞技体育实际上扮演了中国走向世界的“先锋队”这一重要角色，承担起带领中国走向世界的重要历史使命①。

1984 年，中国运动员在洛杉矶奥运会实现了金牌零的突破，极大地鼓舞了全国人民的斗志。但是，1988 年，中国在汉城奥运会以 5 金 11 银 12 铜的成绩排名金牌榜第 11 位，金牌数量比洛杉矶奥运会少了三分之二。1992 年，中国在巴萨罗那奥运会登上金牌榜第 4 名，取得了历史最好的成绩。总结反思经历三届奥运会的成果做法和经验教训，国家体委从 1993 年对全国运动会项目设

① 何强. 改革开放以来我国竞技体育体制改革的历史审视[D]. 北京：北京体育大学，2008：34

置、比赛时间、计分办法等对标奥运会的节奏进行了系列调整与改革：第一，修改全运会举办时间，将全运会举办时间调整至奥运会后第一年，以确保运动员能集中精力备战奥运会；第二，全运会比赛项目设置全部统一到奥运会设置项目上，取消了除武术以外所有非奥运会项目，将全国的竞技体育力量集中到奥运发展战略上；第三，对全运会的得奖计分办法进行改革，与各行政单位在奥运会的成绩挂钩。

1990 年，第 11 届亚运会在北京成功举行，拉开了我国走向世界、开始承办大型综合性国际体育赛事的序幕。亚运会的成功申办，促进了中国和亚洲各国和地区运动员的交流，提升了中国的国际影响力，推动了北京国际化大都市的发展进程。

总体来看，这一历史阶段我国发展竞技体育的奥运战略目标明确、举措得力，“举国体制”的优势得以充分发挥，使我国竞技体育事业在短时间内获得了长足进步，激发了全国人民的爱国主义热情和对体育事业的高度关注。

三、“举国体制”培养模式的调整与改革期（1995—2011）

（一）时代背景

1995 年，《中华人民共和国体育法》（以下简称《体育法》）颁布，同年，国家体委正式颁布了《奥运争光计划纲要》《全民健身计划纲要》和《体育产业发展纲要》，这标志我国体育事业迈入了法制化、规范化发展新阶段。《体育法》明确提出：国家促进竞技体育发展，鼓励运动员努力提高自身运动技术水平，在体育竞赛中勇创佳绩为国争光。国家鼓励、支持开展业余体育训练培养优秀的体育后备人才。

1993 年 11 月，党的十四届三中全会顺利召开，大会通过《中共中央关于建立社会主义市场经济体制若干问题的决定》，决定明确提出建立社会主义市场经济体制，就是要使市场在国家宏观调控下对资源配置起基础性作用。

（二）发展与成效

《奥运争光计划纲要》从目标、指导思想、项目布局、政策支持等各方面全面规划和设计了到 2000 年奥运会，以“振兴中国，为国争光”为最高目标的我国竞技体育“举国体制”进一步完善，全面备战奥运会的训练系统基本形成，对我国竞技体育事业发展产生了深远的影响。2001 年 7 月 13 日，萨马兰奇宣布北京获得 2008 年奥运会主办权，这一历史转折性事件既是机遇，也是挑战，它深刻影响了我国竞技体育的发展进程。党中央国务院对竞技体育的发展高度重视，这也成为全国民众关心关注的焦点。为确保7年后的北京奥运会胜利举行，中央很快于2002年1月出台了《中共中央 国务院关于进一步加强和改进新时期体育工作的意见》（中发〔2002〕8 号），意见充分强调了体育在我国历史发展新阶段的重要作用，对我国竞技体育的发展进行了更具体详细的“谋篇布局”，提出了要“制定新时期奥运争光计划”，要以新世纪我国在奥运会等重大国际比赛中取得优异成绩为目标，坚持和完善“举国体制”，充分调动中央和地方以及社会各方面的积极性，把全国的体育资源更好地整合起来。要坚持从实际出发，调整项目结构、完善项目布局，在巩固原有项目的基础上，不断拓展新的优势项目。

随着奥运争光计划强而有力的实施，我国优秀运动员在奥运会上的竞技成绩捷报频传、节节上升。2000年悉尼奥运会，我国以金牌28枚、奖牌总数59枚的优异成绩首次跃入了奖牌榜世界三强行列。2004年雅典奥运会，中国代表团首次超过了俄罗斯排名第二。2008年北京奥运会，中国代表队肩负祖国和人民的期望，不辱使命，获得金牌51枚，银牌21枚，铜牌28枚，登顶奥运会金牌榜榜首，中国竞技体育成绩达到了空前的高度。在这一时期内，2002年，我国在盐湖城冬奥会实现了冬奥会金牌“零”的突破。我国在亚洲体坛继续保持领先地位，在2002年釜山亚运会和2006年多哈亚运会上，两次蝉联金牌数和奖牌数第一。2008年北京奥运会后，国家提出了从体育大国向体育强国迈进的新的发展目标，中国体育事业的发展翻开了新篇章。

四、新时代全面发展期（2012 至今）

（一）时代背景

2012 年，党的十八大召开标志中国进入了习近平新时代中国特色社会主义，也标志中国体育事业进入高质量全面发展时期。以习近平同志为核心的党中央高度重视体育事业的发展，总书记关于体育的系列重要批示和指示为新时代我国体育事业的发展明确了方向与目标。在这一时期，随着中国综合国力的增强与世界影响力的提升，体育在新时代承担起了更加重要的任务与担当。党中央和国务院将全民健身上升为国家战略，将体育产业列入推动经济发展的重要力量，将体育纳入“健康中国”建设的战略布局，并制定颁布了相应的一系列新时代体育发展的指导性文件，推动着体育加速发展。

2015 年 10 月，习近平总书记在中央财经领导小组会议上，首次提出在适度扩大总需求的同时，着力加强供给侧结构性改革，着力提高供给体系的质量和效益。

（二）发展与成效

2014 年 10 月，国务院出台《关于加快发展体育产业促进体育消费的若干意见》（国发〔2014〕46 号，以下简称《意见》），标志着全民健身上升为国家战略。《意见》就未来一个时期发展群众体育、促进健康中国建设进行了安排部署。

2015 年 2 月，国务院办公厅出台《中国足球改革发展总体方案》，提出足球发展“近期、中期、远期目标”三步走战略，近期目标是要进一步理顺我国足球管理体制，创新中国特色足球管理模式；中期目标是大幅提升青少年足球人口数量，职业联赛组织和竞赛水平达到亚洲一流，女足重返世界一流强队，国家男足跻身亚洲前列；远期目标是我国成功申办世界杯足球赛，男足进世界杯足球赛、进奥运。2015 年，中共十八届五中全会通过的《中共中央关于制定国民经济和社会发展第十三个五年规划的建议》，提出“健康中国”战略，“发展体育事业，推广全民健身，增强人民体质”成为新时代体育发展的 18 字方针。

2016 年 4 月，国家发改委印发《中国足球中长期发展规划（2016—2025 年）》。2016 年 10 月，中共中央、国务院出台《“健康中国 2030”规划纲要》，把全民健身纳入其中，明确实施国家体育锻炼标准，发展群众健身休闲活动，丰富和完善全民健身体系。

2017 年 10 月，党的十九大报告再次明确提出未来五年我国体育发展的总要求是：广泛开展全民健身活动，加快推进体育强国建设。国家层面推出的系列体育政策的相继出台，释放出大力推进中国体育深化改革、全面转型的强烈信号。中国体育事业被赋予了前所未有的丰富内涵和时代价值，体育强国梦成为中国梦的有力支撑，体育与经济、社会、文化、外交等领域深度融合，并发挥出越来越重要的作用。

“后奥运时代”的中国体育，在转型中探索前路、在改革中谋求发展，2014 年，仁川亚运会实现了九次蝉联奖牌榜首位；2016 年，里约奥运会位列奖牌榜第三，在田径和游泳两个基础大项实现了突破。中国女排时隔十二年再次获得奥运冠军，2015、2019 年两获世界杯冠军，再一次让女排精神成为新时代中华体育健儿和中国人民砥砺奋进的象征。傅园慧、朱婷年轻运动员宣告了中国体育 90 后的“成人礼”，伴随中国体育人越来越青春、鲜活、真实的面孔，中国体育也迈入了新时代。足球改革作为中国体育深化改革的破题点，受到党中央国务院的高度重视，目前中国足协与国家体育总局的“脱钩”基本完成；全国校园足球特色学校已从 5000 所扩大到 1 万多所，2 万所特色校目标有望在 2020 年年底实现，校园各级联赛体系将带动数以百万计的青少年走上绿茵场。2017

年 2 月，姚明当选篮协主席，篮球改革迈出重要一步。中国体育在持续推进的管办分离、简政放权中不断获得更宽广的拓展空间。2015 年 7 月，北京获得第二十四届冬奥会举办权，创造了在同一座城市举办夏季和冬季奥运会的历史。习近平总书记做出坚持绿色办奥、共享办奥、开放办奥、廉洁办奥的重要指示，为北京冬奥会的筹办指明方向，北京冬奥会将成为又一座沟通中国与世界的桥梁。

2017 年，第十三届全运会推出 8 项改革，在运动员身份、项目设置、训练选材等方面都力图打破长久以来，横亘在竞技体育与群众体育之间的壁垒，还增设了龙舟、太极、轮滑、攀岩等多项群众体育项目。虽然全运会的改革成效还有待进一步论证总结，但从比赛效果而言，这一改革释放出政府坚定发展群众体育、回归体育本质的决心和信心，也激发了广大人民群众关注体育、参与运动的热情。截至 2017 年，我国人均体育场面积达到 1. 66 平方米；体育社会组织年均增幅达到 10. 86%；每年参与群众体育赛事的人数超过 1 亿人次[①]。“取消商业性和群众性体育赛事活动审批”的改革措施一经出台，民间力量举办赛层出不穷。以马拉松比赛为例，2012 年，全国马拉松赛事仅有 22 场，到 2017 年，全国注册的马拉松比赛已经超过 500 场[②]。可见，竞技体育一枝独秀的体育格局正在被打破，体育产业蓬勃发展、群众体育多点开花，让老百姓越来越认同“健康中国”建设，更实实在在感受到体育运动带来的获得感和幸福感。

第二节　我国优秀运动员培养的类型及主要路径

一、我国优秀运动员类型划分

按照我国竞技体育的管理体制和运行机制，一般可将优秀运动员分为三种类型：职业运动员、业余运动员、专业运动员，这三种不同的运动员类型分别对应职业体育、业余体育和专业体育三种竞技体育管理模式。

（一）职业运动员

职业运动员是指将从事某一体育项目的训练参赛作为谋生手段，并以此换

① 国家体育总局群体司，等. 中国群众体育发展报告（2018）[M]. 北京：社会科学文献出版社，2018

② 杨磊. 砥砺奋进　破风前行——十八大以来中国体育改革成就综述[OL].（2017-10-09）[2021-12-11] http://sports. people. com. cn/n1/2017/1009/c22155-29576029. html

取报酬的运动员。职业运动员是职业体育的产物，1823 年，在英国举行的划船比赛中首次出现“职业选手”和“业余选手”的概念；1968 年，美国成立了世界上第一支职业棒球队，体育逐渐成为为社会所接受的一种职业。但是，自 1896 年现代奥林匹克运动会创始之初，国际奥委会便坚守“业余原则”，规定禁止职业运动员参赛，一批优秀的职业运动员被拒绝在奥运赛场之外，直到 1980 年，国际奥委会终于修订《奥林匹克宪章》，允许职业运动员参加奥运会比赛，这为奥运会之后的蓬勃发展注入了强大的动力和鲜活的力量，也为各国积极发展职业体育、培养职业运动员铺平了道路。

我国职业体育和职业运动员始于 20 世纪 90 年代，伴随我国经济体制改革的深化和世界竞技体育发展趋势，体育界逐步开始了对体育职业化的理论研究和实践探索。1992 年 6 月的“红山口会议”是我国体育职业化梦开始的地方，会议确立了以足协实体化、组建国内职业足球联赛和成立职业足球俱乐部等为核心内容的足球改革实施方案。1993 年，中国足协公布了《中国足协俱乐部章程》，职业足球俱乐部在全国许多城市如雨后春笋；1994 年，足球率先推出职业联赛。虽然从当前看，我国足球改革依然前路漫漫，但从历史的角度看，当时这一空前的体育职业化改革为我国体育事业带来了前所未有的新鲜与活力，也为我国其他竞技体育项目的职业化发展提供了借鉴，为中国体育的改革进行了有益的探索。时至今日，篮球、乒乓球、网球、排球甚至围棋等体育项目的职业联赛都日益发展，“职业运动员”逐渐成为我国优秀运动员队伍中不可缺少的一支力量。

（二）专业运动员

专业运动员是在社会主义计划经济下，“举国体制”竞技体育管理模式下特有的运动员类型，此类运动员一般见于社会主义国家的一定历史阶段，如苏联、古巴、中国等。专业运动员以国家意志为行动目标，其选拔成才、训练参赛、待遇福利均由国家安排，主要任务就是代表国家争取优异的竞赛成绩为国争光。专业运动员不受雇于职业体育俱乐部，不参加职业比赛，不通过参赛获得额外收入。

如果说职业运动员是随市场经济的发展应运而生的，那专业运动员就是计划经济的产物。第二次世界大战以后，美苏竞争也投射到体育领域，苏联投入大量资金，集中全国资源，建立起以运动员三级训练网为支撑，以国家专业队为主体的运动员培养体系，这一培养体系在很短的时间内实现了苏联在国际竞技体育赛事中成绩的迅速提升，达到了苏联展示社会主义国家优越性、跻身世界体育强国的目标。新中国成立以后，立足于我国社会主义初级阶段的基本国情和竞技体育比较薄弱的基础上，我国借鉴和学习了苏联等社会主义国家的经验和做法，也通过建设专业运动队的模式培养优秀运动员。因此，专业运动员出现并成为展示我国竞技体育实力和展示国家形象的主力军。

（三）业余运动员

业余运动员是与职业运动员相对的一个概念，顾名思义，业余运动员是不以从事体育作为谋生职业，而是将参加运动训练、体育比赛作为自己业余爱好的体育爱好者。他们从事体育的驱动力来自个人爱好，而非金钱或其他。

业余运动员的出现与存在最契合现代奥运会最初的价值判断与发展理念，以至于“业余主义”被认为是奥林匹克精神的重要基础。然后，这一“业余理想”与西方资本主义商业化的迅猛扩张形成了强烈反差，也偏离了竞技体育发展的基本规律，因此，业余运动员随着时代的浪潮逐渐隐退。当前各类国际体育赛事中，业余运动员的数量越来越少，职业运动员成为商业化、市场化体育赛事的主流。

二、我国优秀运动员培养的主要模式

（一）专业化培养模式

以国家专业队为龙头，以省、区、市专业运动队为中竖力量的多级训练体制是目前我国优秀运动员培养的主要路径和组织手段。运动员培养经费来源的主渠道为各级政府财政拨款，运动员选拔培养依靠传统“三级训练网”体系，培养目标是培养优秀运动员在以奥运会为代表的国际体育大赛以及以全运会为代表的全国性比赛中夺取优异的竞赛成绩。

专业化培养路径的主要特点有以下方面。

1．培养方式的行政化

在专业化培养的过程中，政府始终起主要作用，以行政手段管理体育事务，以计划手段配置优质体育资源。在人、财、物非常有限的特定历史条件下，政府的强力推进，实现了一部分运动项目竞赛成绩在较短时间内迅速提升，“专业化”体系的优越性得以最大限度地发挥。

2．培养目标的唯一性

“举国体制”的实施举全国之力，其目标与结果也必须体现国家意志、实现国家利益。在国际体育赛事中争金夺银、不断提高运动项目竞技水平是专业队的目标。

3．竞赛成绩的相对稳定

通过我国参与奥运会的历程可以看到，我国奥运竞技成绩大的趋势是稳中有升，在 2008 年达到顶峰，虽然在 2012 年伦敦奥运和 2016 年里约奥运成绩有所回落，但始终名列前茅。这充分证明，国家的高度重视、财政的持续投入、人才培养体系的完备，使专业化培养路径最大程度保证了我国部分体育项目竞技水平的稳定。

（二）职业化培养路径

以市场为导向的职业化培养路径是我国竞技体育发展的必经之路，是对专业化培养路径的有益和充分的补充，它将逐步成为未来我国优秀运动员培养的主要选择方式。职业化培养路径的要义在于以市场为导向，对竞技体育优质资源进行优化配置，实现目标效益的最大化。

职业化培养路径具有以下特点。

1．培养目标的多层级

在优秀运动员职业化培养过程中，培养目标出现多层，一是运动员代表国家参赛，以获得优异成绩为目标，二是商业资本的投入必将要求有足够的利润空间等；将比赛作为职业的运动员也期望在运动训练、参加比赛的过程中获取更多的回报，实现自身的全面提升。在社会主义市场经济条件下发展职业化培养路径，不可能舍弃国家、俱乐部和个人利益中的一方而保全其他，只会在多方目标的博弈中，寻找到实现目标效益的最优点。

2．培养手段的市场化

从人才选拔培养到比赛，再到退役再就业，职业化培养路径的每一个环节和领域都离不开市场发挥作用；而市场灵活、开放、包容、多元化等诸多特性和优势，极大丰富了优秀运动员培养手段和方式方法。

3．发展历程的渐进性

根据我国国情和竞技体育发展规律来看，市场化趋势不会停滞倒退，也不会一蹴而就，而是将逐步完成从“强政府、弱市场”到“大市场，小政府”的转型。

（三）社会化培养路径

社会化培养路径泛指由各种社会团体、组织或单位主导，区别于专业化和职业化，广泛存在于社会中的一种优秀运动员培养形式。这里重点介绍以院校化培养为代表的路径，以教育部门为主导的“体教结合”院校培养路径，是我国社会化培养路径中较为成熟和常见的一种。院校化培养主要依托高等院校的教育资源，以在高校建高水平运动队的方式培养学生运动员，从而实现优秀运动员既能接受专业的竞技技能培养，同时又能接受全面的综合教育，是我国优秀运动员培养的一种有效路径和积极尝试。

院校化培养路径具有如下特点。

1．培养对象的全面性发展

院校培养是最贴合体育本质的路径，体育本身便是教育的手段与内容，发展体育的终极目的是实现人的身心和谐、促进人的全面发展。在高校培养优秀运动员，面对的都是青春朝气的大学生，是最有条件实现“体教结合”、实现运动员全面发展的路径。

2．培养手段的科学化

竞技体育在追求突破和卓越的道路上，离不开领先的科学研究成果对训练、比赛的强力支撑，高等院校有较强的科研力量和智力支持，在运动员训练过程中能够将科研和竞技训练有效对接融合，是院校运动员培养独有的特点和优势。

3．培养群体的最大化

此外，除院校培养之外，更广泛意义的社会化培养，既无须专业化培养的“高门槛”，也无须职业化的“高水平”，而更多是以爱好、兴趣、关注为出发点，能够调动最广泛人群对体育运动的参与，体育人口数的不断增加是实现竞技体育可持续发展的根本所在。

（四）混合型培养路径

随着优秀运动员培养实践的丰富，在社会快速发展、经济全面转型、人们认识不断进步的时代背景下，我国优秀运动员的培养出现了更多灵活且有效的培养路径与方式，呈现出多元、交织、相融、拓展的趋势。这样的混合型培养路径目前并非主流，但作为有益的探索，已经对优秀运动员的培养做出了积极的贡献，并彰显出生机与活力，为我国竞技体育人才培养提供了更广阔的思路和发展路径。混合型培养路径主要包括以下几种。

1．结合型路径

以李娜和郑洁为例，她们都在运动员成长的过程中完成了由“专业化”到“职业化”的身份转变，是“举国体制培养，职业体育升华”的优秀网球运动员①。如 2008 年北京奥运会，我国奥运史上第一位代表中国参加马术三项的运动员华天，他是一名用体制内的经费和社会经费，包括家庭力量共同培养的运动员。再如闯荡 NBA 的姚明、参加土耳其女排超级联赛的朱婷都是出道于专

① 宋继新. 发展职业体育：完善举国体制战略的抉择[J]. 北京体育大学学报，2012（2）：1-4

业运动员，后进入职业赛场，凭借自身天赋与努力，在多重环境中磨砺精进，终成一番事业。

2. 拓展型路径

在同一时间段，由某一种途径为主、其他为辅的培养形式多见于集体项目和一些新兴体育项目，如一支省级足球队队员的构成包括专业运动员和俱乐部职业球员，平时这些运动员按照各自的管理模式进行训练，需要比赛的时候，便集结为一支球队共同备战参赛。

混合型培养路径具有如下特点。

1. 培养方式的多元化

多元化的培养方式契合于当前我国体育事业的转型需要和市场的灵活机制，为优秀运动员的发展提供了更多样的选择。

2. 培养效益的集约化

在一个运动员相同运动培养时长内，有条件选择多样的培养路径可扩展运动员眼界、增强国际国内交流、提升培养质量。

各培养模式比较见表 3-1 所列。

表 3-1　优秀运动员主要培养模式

	专业化 培养模式	职业化 培养模式	社会化 培养模式	混合型 培养模式
培养目标	竞赛夺标	1. 投资回报 2. 竞赛夺标 3. 运动员可持续发展	1. 育人 2. 竞赛夺标 3. 项目普及推广	1. 竞赛夺标 2. 投资回报 3. 运动员可持续发展 4. 个体价值最大化
培养主体	政府	职业俱乐部	高等院校；业余俱乐部、项目协会等社会体育组织	职业俱乐部、业余俱乐部、政府、个人
经费来源	国家财政拨款	企业投资、商业赞助	财政拨款、商业赞助、社会集资	企业投资、商业赞助、政府购买、个人投资

第三节　我国优秀运动员培养“举国体制”的改革和完善

一、新时代“举国体制”运行中的不足与问题

中华人民共和国成立以来，我国的竞技体育几乎从“零基础”到取得让世界瞩目的巨大成就，对于我国展现国家综合实力、振奋民族精神起到了不可取代的重要作用，完成了时代赋予竞技体育特殊时期的特殊历史使命。实践证明，诞生于计划经济时代的“举国体制”是符合我国的基本国情和竞技体育发展规律，对我国竞技体育在较短时间内实现飞跃发展具有重要意义与巨大作用。与此同时，以“举国体制”为主要模式的优秀运动员培养在社会主义市场经济的快速发展中，也出现了不相适应的情况，存在一些问题与挑战，主要有以下方面。

（一）社会参与优秀运动员培养的积极性尚未充分调动

长久以来，我国竞技体育发展迅猛，但从另一方面而言，这一单一的模式在一定程度上不利于发挥社会组织参与优秀运动员培养的能动性。从现状来看，无论是高校、企业或是单项体育运动协会等社会团体，尚不具备承接高水平运动队的强大实力，能参与优秀运动员培养的力量还不够大、数量也不够多，优秀运动员培养主体从一元到多元，还有漫长的路要走。

（二）多元化利益格局整合机制有待形成

我国举国体制源于计划经济时代，建立之初其目标是为国争光，而非经济利益的最大化。但随着社会转型、经济体制转轨带来的利益格局的多元化趋势，出现了运动员自我价值实现形式的多样化和举国体制核心目标一元化等矛盾。如明星运动员为了追求商业利益不惜违反国家队纪律等现象时有发生。在新的时代背景下，如何在确保国家利益的前提下，兼顾个人利益、集体利益和地方利益，是举国体制进一步提升运行效益须着力解决的一个问题。

（三）优秀运动员训练、保障体系尚需完善

在市场经济条件下，后备人才培养出现了一定程度的脱节现象。三级训练网是我国优秀运动员培养的重要基石，但近年来，这一“基石”出现了萎缩的

情况，主要原因包括：首先，一些区县体育行政部门在政府行政体制改革中撤销合并，基层业余运动训练萎缩；其次，随着居民经济状况的提升与价值观的转变，一些家庭不愿意让子女参加系统的业余训练，特别在一些重竞技项目上。这些客观原因造成了优秀运动员遴选日益困难，如果“基石”不能实现健康可持续发展，势必影响中国竞技体育的未来。此外，优秀运动员投身的是一项高风险、高强度的事业，在计划经济体制下，举国体制给优秀运动员上了稳稳的“保险”，如运动员退役后的安置就业、伤病治疗康复等都是由政府承担。但随着中国市场经济体制改革的深入，原本由国家、政府完全承担的风险逐步转为政府、社会和个人共同分担，这也对我国优秀运动员队伍的稳定、运动员投入程度等带来了一定的影响。尽管政府一直在积极推动运动员保障体系的建立，但保障力度和制度建设与竞技体育的高风险、高要求依然存在一定的差距。

二、我国优秀运动员培养“举国体制”改革展望

任何一种制度的产生、发展、改革，无一例外与社会发展不同历史时期的政治、经济、文化和对外政策密切联系。社会主义制度的优越性，能集中力量办大事和社会主义初级阶段的基本国情是我国竞技体育实行“举国体制”的理论基础[①]。“举国体制”的沿革是基于我国国情和国内外竞技体育发展形势逐步发展形成的。实践证明，我国“举国体制”取得了巨大的成就，同时它也受到了一些质疑和异议。个别意见认为，我国计划经济已经逐步被市场经济体制所取代，那么作为计划经济体制产物的“举国体制”也应该随之被取代和消失。然而，回顾历史，在中国体育的发展历程中，“举国体制”已然成为中国制度、中国道路不可或缺的一部分；从现实来看，实行“举国体制”与否，也不是由一个国家政治体制、经济体制来区别定性的。正如邓小平所说：计划多一点还是市场多一点，不是社会主义与资本主义的本质区别。计划经济不等于社会主义，资本主义也有计划；市场经济不等于资本主义，社会主义也有市场。计划和市场都是经济手段。[②]“举国体制”的存在与否与经济体制的改革也没有必然联系，而是看其是否依然有存在的现实价值与意义。从世界范围来看，英国、德国、日本等许多资本主义国家，为了提高本国运动员在国际大赛的成绩，也不同程度地采用了“举国体制”的政策，加大国家投入力度，促进本国竞技体育的发展。

---

① 梁晓龙，等. 举国体制[M]. 北京：人民体育出版社，2006：4

② 邓小平. 在武昌、深圳、珠海、上海等地的谈话要点[M]. 人民日报，1993-11-06

在新的历史条件下，“举国体制”的坚守与创新依然是我国竞技体育发展的主流价值判断与选择。具体来讲，要从以下三个层次做到坚持与创新的辩证统一，大力推动我国竞技体育改革前行的步伐。

（一）在宏观层面，要坚持以国家战略与经济社会总体改革目标为统领，明确竞技体育改革的价值取向与目标任务

2019 年 8 月，国务院办公厅印发《体育强国建设纲要》，进一步明确了体育强国建设的目标、任务和措施，纲要明确提出：认真学习贯彻习近平总书记关于体育工作的重要论述……，更好发挥“举国体制”与市场机制相结合的重要作用，不断满足人民对美好生活的需要，努力将体育建设成为中华民族伟大复兴的标志性事业。这明确指出构建“举国体制”与市场机制相结合的新机制，是实现体育强国战略目标的理论创新和现实需要，是深化中国特色体育道路改革的核心内容。要实现中国体育事业的提档加速，并非是全盘否定，而是在存量上做加法，让“老办法”和“新做法”实现无缝对接，让中国体育这辆高速前行的列车在新旧动能的交替转换中加速前行。一方面政府主导下的市场积极参与，能以市场机制激发活力，彻底改观“举国体制”下资源配置力不强、动能不足、效率不高、缺乏创新等顽疾；另一方面“举国体制”的宏观调控能力可有效防止市场竞争可能带来的无序和恶性竞争[①]。

（二）在中观层面，要进一步厘清政府与市场的关系，坚持政府主导与市场发力的同行同向的改革之路，推动竞技体育制度、运行机制、路径的不断创新

与市场经济的融合和发展是“举国体制”改革和完善的重要内容和主要路径。实践证明，“举国体制”和市场化路径不是一个非此即彼的单项选择题，而是在很长一段时间内，相互补充、互为支撑的两条优秀运动员培养并行不悖的重要道路。北京市社会科学院体育文化研究中心主任金汕在接受记者采访时说，在肯定“举国体制”对我国体育的极大推动作用的同时，要遵循体育发展规律，进一步完善体育管理体制，积极发挥社会力量参与全面健身和体育产业。以当前的情况来看，把体育发展完全依托于市场还缺乏可行性，因此，政府既不能持续高投入，也不能彻底撒手不管。[②]“政府后撤、市场先行”的改革进程还需时日，唯有“边破边立”“边修渠边放水”，方才能实现竞技体育的健

① 鲍明晓. 构建“举国体制”与市场机制相结合新机制[J]. 体育科学，2018（10）：3-10

② 周凯. 举国体制功不可没　需与职业化市场化并行[OL].（2012-08-19）[2021-12-12] http://2012.sina.com.cn/cn/other/pl/2012-08-19/085660218.shtml

康可持续发展。

（三）在微观层面，“举国体制”与市场机制结合的改革与创新，应该落实到每一个运动项目上，特别是聚焦从政府到社会关注度最高的备战项目，如奥运会项目等

要根据每一个具体运动项目的国内发展基础、国际发展态势等多方面的综合情况，做好项目训练手段、方法、路径、技战术等全方位的创新性工作。唯有将每一项具体的运动项目运行发展好了，才能真正提升“举国体制”的运行效率和效益，切实推动我国竞技体育水平的健康可持续发展。

本章小结：以“举国体制”为集中体现的中国体育体制，成功实现了中国竞技体育从积贫积弱到世界竞技体育第一集团的伟大飞跃。进入新时代，在建设体育强国的新征程中，体育体制改革要主动求新求变，建立“举国体制”与市场机制结合的新机制，为中国体育事业的发展创造新思路，打开新局面。

第四章　世界体育强国优秀运动员培养路径的经验与借鉴

【本章提要】 不同国家由于政治体制、社会经济发展水平、历史沿革、竞技体育发展模式等方面的巨大差异，在优秀运动员的培养体制和路径选择上也大相径庭。总体而言，竞技体育管理模式主要分为三类：社会主导型、政府主导型和介于这两者之间的结合型，与之同步的，优秀运动员培养主要也有这样三种形态。本研究选取2016年里约奥运会奖牌榜前六位的美国、英国、俄罗斯、德国、日本国家（除排名第3的中国）作为研究参照对象，对其优秀运动员培养等方面的相关制度进行了研究、比较与借鉴。

第一节　美国、俄罗斯等世界体育强国近7届奥运会竞技体育成绩概况

2016年，里约奥运会上，美国、俄罗斯、中国、英国、德国、日本六个国家获得奖牌榜前六位。本书选取除中国以外的五个国家作为研究参照对象，对其优秀运动员培养等方面的相关制度进行了研究、比较与借鉴。自1992年以来（如图4-1所示），美国除1992年和2008年，一直稳稳占据世界头号竞技体育强国位置；俄罗斯1992年以独联体形式参赛获得第一，此后虽然也名列前位，但因为有中国、英国等国家的崛起，雄霸榜首的优势一去不返；德国在2000年后的排名略有下降；而英国和日本则在经历了如过山车般的低谷期后逐渐攀升。特别是英国，从2008年逐届攀升，到2016年已经进入前三位序。对五个体育强国优秀运动员的培养路径各有差异，也有相通之处，同时，各自的实践中也或多或少存在一些问题。这些对我国优秀运动员的培养路径完善发展而言，是宝贵的经验与教训，也提供了思路和借鉴。

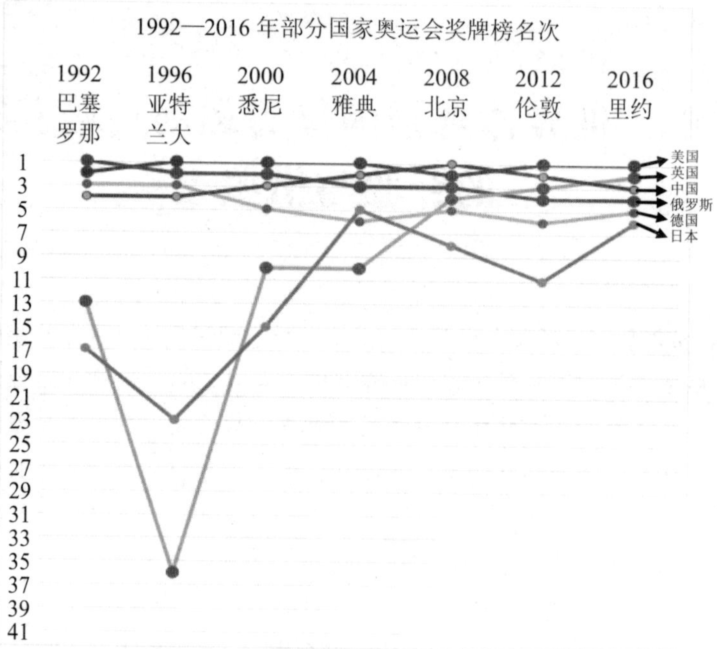

图 4-1 1992—2016 部分国家奥运奖牌名次

第二节 世界体育强国优秀运动员培养路径的分类

一、社会主导型国家

（一）美国

1．体育管理组织结构

美国是世界排名第一的体育强国，其竞技体育管理体制是典型的社会主导型管理，美国政府不设专门的体育管理机构。美国政府通过立法、制定政策、调整税收、拨款等方式间接对竞技体育进行管理，此外，美国政府中的一些部门，如卫生与公共事业部、教育部等也会以不同的方式和程度介入竞技体育管理。美国奥委会（USOC）是负责竞技体育管理的主要部门，它对美国各体育项目社会组织施行监督管理，负责组织实施奥运项目、泛美运动会项目的审批管理，同时负责制订美国竞技体育发展规划。在奉行市场经济的美国，体育作为带来巨大收益的一项产业，具有很强的自我管理、自我发展能力。各类社会体育组织是美国各具体体育项目的管理机构，如美国的橄榄球、篮球、棒球等职业体育由职业俱乐部管理，以大学体育为代表的业余体育由大学生体育联合会（NCAA）管理（如图 4-2 所示）。

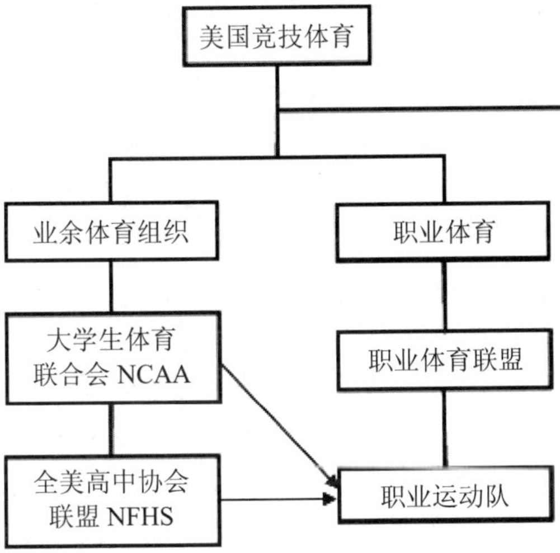

图 4-2　美国竞技体育基本构成情况①

美国奥委会每年会根据各个体育协会的竞争力、自身发展情况进行评估，将一定的资助款项分到国内 40 余个体育协会组织中。比如，篮球等在美国炙手可热的体育项目，赞助商趋之若鹜，不需要美国奥委会特别拨款；但一些项目，比如，帆船和马术就需要奥委会投入一些资金，以保障他们的奥运成绩。此外，为了体育项目优势的可持续性，也会有选择的在学校成立体育团队，由国家用纳税人的钱补贴给特长生，让他们成为国家运动员，如美国泳坛名将菲尔普斯便是在这样的学校体育团队中被发掘培养的。

2．优秀运动员培养主要路径

在市场经济高度发达的美国，运动员培养已经形成了较完善的以学校为中心、以教育为依托、以市场为载体的优秀运动员培养体系②。美国优秀运动员培养主要路径有三种：学校运动队、职业俱乐部和业余俱乐部，由于不同体育项目有不同的培养成才规律，三种路径培养的项目各有侧重。

（1）学校运动队。学校运动队开设的项目多为适应中学和大学年龄阶段适

① 池建. 竞技体育发展之路——走进美国[M]. 北京：人民体育出版社，2009

② 牛国胜. 美国大学生运动员培养模式及其对中国的启迪[J]. 南京体育学院学报，2017（3）：81-87

合参加的体育项目，如游泳、田径、篮球、划船、棒球等。学校运动队形成了小学—中学—大学“一条龙”的优秀运动员培养体系，并与此对应构建了校级、州级和国家级等不同年龄组别的多级联赛体制，确保了人才的培养和选拔路径通畅高效。

美国各级学校都十分重视学生运动员的选拔培养：小学阶段只设有体育课，将体育作为锻炼身心的手段，学生学习体育知识，培养体育习惯；中学阶段设有体育课，同时也有运动队，学生可以选择感兴趣的项目参加运动队训练，每周活动 3～4 次，参加 1～2 次比赛，比赛一般安排在周末。中学体育经费来源于学校费用、学生缴费、政府资助以及社区组织的筹款活动所得。所有运动项目赛季安排都尽量错开，以便学生能选择一个以上的运动项目进行训练和比赛。

进入大学后，几乎所有的大学都有高水平运动队，参与运动队训练和比赛的学生运动员和普通学生一样，在学校正常学习，同时参加校运动队的训练和比赛，美国大学学费昂贵，但每个大学都为体育特长生设有不菲的奖学金，完善的大学体育激励制度极大地鼓励了学生在体育领域有所发展，也为优秀体育人才的脱颖而出奠定了人才基础①。可以说，大学生运动员撑起了美国高水平运动员的“半壁江山”，以 2016 年里约奥运会为例，美国大学生运动员占美国奥运军团总人数的 77.48%②。NCAA 同时也是美国职业体育发展的中坚力量，为职业联赛输出了大量的运动员以美国篮球职业联盟（NBA）为例，其中有 77% 的队员都曾经参加 NCAA 的比赛③。NCAA 是由美国众多大学参与结盟的一个协会，它是美国最有影响力的体育组织之一，它每年组织各类体育项目联赛，其竞赛商业化程度非常高，收入主要来自电视和营销收入、锦标赛赛事收入等，在盈利方面位列第三，仅次于北美美式足球联赛和美国职业棒球联赛。NCAA 在 2017 年营业收入接近 11 亿美元，收入创历史新高。可以说，学校体育是美国体育文化的根基所在，也是美国体育产业的主要支柱和培养优秀运动员的摇篮。

（2）职业队，亦指职业俱乐部。职业俱乐部是遵循市场经济和社会分工的产物，其实质是遵循市场经济的供需、价格等基本规定和运动项目发展规律对竞技运动项目进行经营，主要目的在于用体育劳动创造的价值换取利润。在《福布斯》杂志公布的 2019 年全球体育俱乐部价值排行榜中，美国达拉斯牛仔队以

---

① 张荣锋. 剖解美国运动员独特的培养体制[N]. 国际先驱导报，2012-08-28

② 胡乐乐. 透视美国大学的体育文化[N]. 光明日报，2016-12-18

③ 刘伟. 美国运动员培养模式研究[J]. 山东体育学院学报，2014（1）：6-10

50 亿美元占据首位，在排名前 10 的俱乐部中，除了三支足球队以外，其余 7 个俱乐部全部来自美国，美国体育俱乐部在体育商业领域的巨大影响力可见一斑。在美国，职业队主要涉足一些商业化和职业化程度较高的运动项目，如橄榄球、篮球、棒球、冰球等。

（3）业余俱乐部。业余俱乐部涉及项目多为从小开始接受训练的体育项目，如体操、游泳、足球等，俱乐部会员在课后参加体育训练，比较类似于我国的业余体校。业余俱乐部大多由私人投资，会费是俱乐部的主要收入来源，会费用于聘请教练、组织学员训练参赛以及俱乐部日常运转开销。业余俱乐部培养的优秀运动员可以参加国家队选拔赛，入选便能代表国家参加国际级比赛；俱乐部队员高中毕业后，可以选择进入大学运动队或者职业队继续运动生涯；除此之外，俱乐部会针对不同运动水平的会员提供多层次、多类型的体育培训服务，这对吸引更多的民众参与体育运动中，促进基层民众参与体育、运动项目的普及发展有积极的作用，运动人口基数越大，越容易产生优秀运动员，形成了良性循环的体育人才培养模式。

（二）德国

1. 体育管理组织结构

从全球范围看，德国由于其在冬奥会的优异成绩和球类项目的巨大影响力，其竞技体育综合影响力在全球排名靠前。德国体育体制也是属于比较典型的社会主导型，政府不集中管理体育，只对和国家有关的体育活动提供资金和科研等支持、投资公共体育设施以及出台政策对体育发展予以协助。德国政府不直接对体育进行管理，而是放权于社会，政府通过立法保护、部分资金支持等途径，发挥政府在促进体育社会公益方面的效能[①]。德国奥林匹克体育联合会是德国体育的最高管理机构，它是目前德国最大的民间组织[②]，具体情况如图 4-3 所示。

2. 优秀运动员培养路径

在德国统一以前，原东德施行政党管理、政府投入、统一选材、集中训练的竞技体育体制，曾在世界体坛取得了辉煌的成绩，田径、游泳等基础项目位列世界先进水平。德国无论是竞技体育、学校体育抑或群众体育的发展都与俱乐部密切相关，所有体育俱乐部均接受德国奥林匹克体育联合会的管理。

---

① 虞荣娟. 中美德日大众体育比较研究[J]. 体育文化导刊，2010（4）：40-44

② 缪佳. 德国体育和竞技体育发展的特点研究[J]. 体育与科学，2010（6）：68-70

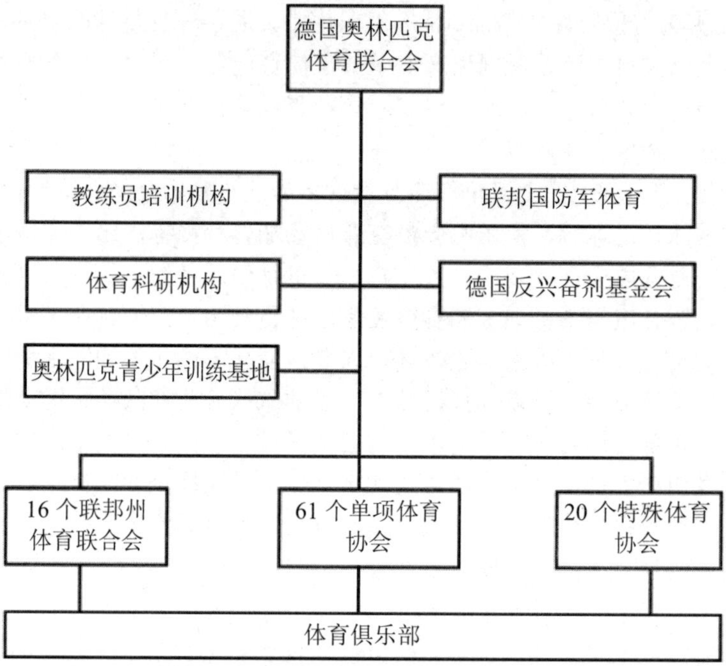

图 4-3　德国竞技体育基本构成情况

德国的竞技体育体制是建立在俱乐部体制基础上，从优秀运动员的选材、培养到国家级运动员的管理、训练都通过俱乐部体制来实现①。代表德国国家队的运动员都来自俱乐部，他们并不是常年在国家队集训，而是分散在各自俱乐部训练，参加比赛时才进行集中②。俱乐部与俱乐部之间每年都会开展为数众多的各类各级别的比赛，极大地促进了德国竞技体育水平的提升。

二、政府与社会结合型国家

（一）俄罗斯

1．体育管理组织结构

俄罗斯曾经是比较典型的政府主导型体育体制，在经历了政体变革后，目前的俄罗斯体育仍然处于转型时期，出现了在调整中发展的态势，与我国体育发展有相类似的经历。1917 年，在列宁的提议，苏联建立了以卢那察尔斯基领

① 刘波．德国体育俱乐部体制与竞技体育关系的研究[J]．体育与科学，2007（6）：65-69

② 刘波．德国体育俱乐部建制探析[J]．体育与科学，2007（3）：57-60

导的国家教育委员会，下设的学校卫生部成为十月革命后苏联第一个负责体育教育的部门，其任务主要是在民众中普及体育运动。在苏联政府的高度重视和各级组织的积极推动下，苏联的体育事业真正达到了全民参与、全民健康的目的，这为后来苏联体育称霸世界奠定了坚实的群众基础。第二次世界大战后，苏联走向国际舞台，自 1952 年苏联参加芬兰赫尔辛金奥运会，苏联在“举国体制”强有力的推进下，成为世界公认的竞技体育强国。1991 年，苏联解体后，俄罗斯放弃了社会主义道路，建立了三权分立的政治制度。一方面俄罗斯经济的全面衰退严重影响了竞技体育事业的发展，群众体育也受到较大的冲击；另一方面“举国体制”庞大的躯体也给俄罗斯政府带来了压力与负担，在这样的情况下，俄罗斯政府改变了之前高度集中的计划经济管理体制，引入了市场化的体育运作机制。但与我国渐进式市场化改革不同的是，俄罗斯采用了更为激进的“休克疗法”，在很短时间内全面打破计划经济体制，建立市场经济体制，采取了国有企业私有化等措施。较为激进的经济改革对体育也产生了较深远的影响，俄罗斯体育的管理体制几经周折，其体育行政部门在 20 世纪 90 年代短短十年内调整了十次。受苏联解体后经济影响，俄罗斯的体育事业也出现了滑坡：大量教练员、运动员开始外流，体育经费严重不足，少年体校逐年减少，许多体育场馆纷纷关门。近年来，俄罗斯竞技体育仍然带有“苏联模式”的烙印，同时逐步呈现出政府和社会体育团体共同管理的运行机制。在继承和发扬以往体制优点的基础上，俄罗斯进行了系列改革，以适应市场经济体制及体育自身发展的需要。改革的主要内容是：一改高度集中的计划经济管理模式，强化了市场化运作在体育管理中的重要作用，推进政府和市场共同管理的新体制，社会、企业共同参与的商业化运作机制。在商业化方面，其主要做法是自办体育经营实体、体育设施有偿服务、组织商业比赛、运动员做广告、接受赞助等。

1999 年，普京总统上任，高度重视国家体育的发展，俄罗斯体育管理体制重新回到了政府管理体育的轨道上，逐步形成了政府主导、社会自治和市场自主三者有机结合的管理模式。同时，俄罗斯也成功举办了 2013 年喀山大运会、2014 年索契奥运会和 2018 年世界杯足球赛等国际重大赛事，在塑造国家形象、推广全民体育运动等方面都取得了积极的效果。

俄罗斯体育演变的历程再次证明，经济基础决定上层建筑，伴随经济体制的变革，体育改革也必将顺势而为。

2．优秀运动员培养主要路径

俄罗斯优秀运动员培养主要依靠各种形式的青少年体育运动学校，国家体育运动与旅游委员会拨付经费支持其中部分重点奥林匹克后备力量学校和高水平运动技术学校，其他大部分学校的经费由各行业系统和地方政府负担①。优秀运动员集中组成国家队进行训练，国家队的组队和训练控制主要由各项目协会和奥委会负责，俄罗斯体育运动与旅游委员会参与优秀运动员的管理、监督和控制。同时，各种类型的俱乐部也是竞技体育后备人才培养体系中的重要一环。无论是青少年体育运动学校，还是俱乐部，基本上依托于现有的体育场馆开展业余训练。俄罗斯职业体育发展迅速，足球、拳击、冰球、网球等项目已经建立起职业体育的管理和运作模式，并为广大民众所接受。由于高水平职业运动员收入丰厚、名利双收，对青少年体育爱好者有很大的吸引力，无形中对后备人才的培养有促进作用。俄罗斯网球运动员在国际网坛的异军突起便是很好的例证。

以俄罗斯称霸世界的艺术体操项目为例，艺术体操在俄罗斯的群众基础相当深厚，通常 5 岁甚至更早就开始训练。大多启蒙阶段是在俱乐部起步的，然后 7 岁左右开始参加比赛，每个比赛都会有超过百人参加，专业艺术体操学校的教练就会在这些比赛中挑选好的苗子。在俄罗斯建立了全国性、成系统的青少年比赛体制，有益于优秀苗子脱颖而出，也确保了这一培养体系的正常运转。

（二）英国

1．体育管理组织结构

英国是比较典型的政府与社会结合型体育发展体制，优秀运动员培养主要由“政府主导，依靠社会力量”②。英国体育管理机构体系自上而下包括：政府部门、体育理事会和单项体育协会。英国文化传媒体育部是主管全国体育工作的政府部门，下设直属机构——英国运动协会（UKsport），其主要职责包括制定竞技运动发展规划和政策、协调全国各类运动组织的协调合作、划拨经费到各竞赛项目协会及夺金重点项目培育。20 世纪 90 年代末，针对英国公共服务体系的过度市场化问题，英国首相布莱尔提出了“第三条道路”的改革，主要内容包括政府对公共服务既不包揽，也避免市场主导的完全自由化，而是形成政府、社会和市场相互协调的多元模式，这为英国竞技体育的转型发展奠定了理论基础。近年来，英国政府及其运动主管部门逐步加强了对公共政策的掌

① 刘青，等. 竞技体育管理方式——西部的路径与抉择[M]. 北京：人民体育出版社，2007：92-93

② 孙雪. 英国精英运动员培养体系研究[D]. 北京：北京体育大学，2013

控，这一“新管理主义”对英国的体育协会发展产生了深远的影响，导致了非政府组织绩效责任对象由一般大众转向了半官方运动组织。

英国体育理事会是英国最大的全国性非政府的公共体育组织，下设竞技体育部、反兴奋剂部等五个部门，主要职责是负责全英体育发展工作的宏观管理。英国奥委会成立于1905年，下属35个单项体育协会，是完全独立于政府的社会体育组织，其运行经费完全来源于社会资助和商业赞助，设运动会服务部、法律部、市场经营部等。英国奥委会的主要职责是：促进奥林匹克运动在本国的发展，为参加奥运会的运动队和运动员提供服务以及推动竞技体育和大众体育的协调发展。

2．优秀运动员培养主要路径

工业革命带来的经济发展极大地促进了英国大众体育的兴起与发展，自行车、田径、游泳等许多体育项目都是在英国广泛开展推广的。英国还于1863年成立了世界上第一个足球协会，与英国大众体育蓬勃发展相比，英国竞技体育的发展相对滞后。直到1996年亚特兰大奥运会，英国仅获得1枚金牌，位列奖牌榜36位，这一“滑铁卢”成为英国体育发展的转折点。1996年之前，英国政府的体育战略重点是重视大众体育的发展①。自此后，英国政府将优秀运动员培养列为竞技体育的战略重点，对竞技体育管理制度进行了大刀阔斧的改革，通过成立专门体育管理机构等系列举措带领英国竞技体育走出低谷。

特别是英国在2005年成功申办2012年伦敦奥运会以后，英国更加下定决心发展竞技体育，先后颁布了《2012 使命计划》《2016 使命计划》，并增加对竞技体育的财政投入，加强了对竞技体育和优秀运动员培养的扶持力度。英国政府按奥运周期通过体育理事会对竞技体育拨款，用于支持竞技体育事业的发展。据统计，1996—2016年，英国在各个奥运周期内的投资额分别是500万英镑、5890万英镑、7100万英镑、23 510万英镑、26 414万英镑和27 477万英镑②。此外，英国体育理事会每年从彩票收入中拿出200万英镑资助有关单位举办重大比赛，主要用于赛事运转。赛事的其他费用由单项协会自筹，主要寻找商业赞助或由主办地政府资助。英国在近几届奥运会所呈现的表现和最终成绩，充分证明英国政府职能的转变和效能在竞技体育中的重要作用。

英国的中小学和社区体育俱乐部是英国体育后备人才培养的重要依托，在

---

① 李远乐，等. 英国竞技体育振兴之路探究[J]. 山东体育学院学报，2009（25）：1-3

② 金光珠. 英国竞技体育投资与分配机制研究[J]. 南京体育学院学报（社会科学版），2017，31（1）：70-74

英国精英运动员初期培养阶段发挥重要的作用[①]。英国的社区体育俱乐部是英国体育发展的基石，为英国优秀运动员的选拔培养奠定了最广泛的选材基础。有天赋的青少年可以通过参加学校和社区体育俱乐部的比赛脱颖而出。近些年来，英国政府为了本国运动员在伦敦奥运会取得优异的成绩，加强了对优秀运动员培养的经费投入，英国奥运事务大臣特莎·乔维尔 2016 年 8 月接受英媒采访时说：英国队的胜利反映出投入会带来成绩。每一枚金牌大概都是 500 万英镑投入的结果。我国当前在奥运会上的优势地位是十年前无法想象的，如果想维持这个优势，就需要继续对运动员进行投资。她同时也提出由于英国决定脱离欧盟而带来政治和经济动荡的原因，英国可能很难保持对体育的必要投资，无法让本国运动员在 2020 年东京奥运会及以后的奥运会上有出色表现。

（三）日本

1．体育管理组织结构

从历史来看，虽然日本竞技体育从未进入前三名，但日本从 1996 年亚特兰大奥运会第 23 名后，排名不断提升，在 2016 年里约奥运会升至第 6 名，且作为 2020 年奥运会的举办国，日本铆足力量加强了对竞技体育的投入。在日本政府主导型经济模式的基础上，日本建立了与之相适应的政府体育管理模式。日本文部科学省是负责体育管理的中心行政机构。文部科学省体育局是制定体育政策和实施体育管理的中央最高权力机构，在与各体育组织的关系上，体育局处于领导地位，具体事务性工作由日本体育协会和日本奥委会承担。日本体育协会是非常高级、非常权威的大众体育社团，主要承担培养社会体育指导员、举办国民体育大会、推动青少年体育开展等事业。日本奥委会主要负责参加国际大赛和选拔培养优秀运动员。

2．优秀运动员培养主要路径

1958 年，日本申办 1964 年奥运会成功，第二次世界大战后经济迅速恢复的日本急于用奥运会的平台在国际舞台登台亮相。1961 年，日本颁布《体育振兴法》，这是日本第一部体育法律，积极地推动了日本体育在第二次世界大战后的加速发展，日本竞技体育成绩在 1964 年东京奥运会时达到顶峰。但之后却日渐低迷，1988 年，日本失利于汉城，加之日本民众的普遍不满，政府再度加强了对体育的重视。1989 年，日本政府出台《关于面向 21 世纪的体育振兴政

① 孙雪. 英国精英运动员培养体系研究[D]. 北京：北京体育大学，2013

策》，提出了推动终身体育和竞技体育共同协调发展的目标[①]。随着日本政府对体育的重视关注程度剧增，日本的体育政策已经进入了一个潜在的转型期”，体育朝着成为国家战略、声望和地位象征的方向迈进[②]。由于1996年亚特兰大奥运会日本奖牌数跌入历届低谷，日本在悉尼奥运会备战中，相继出台《体育基本振兴计划》《体育立国展览》《体育基本计划》政策[③]，逐步形成制度化的竞技体育体系。2000年，日本政府颁布《体育振兴基本计划》，对日本未来10年的体育发展进行了规划部署，其中提到要将民间体育与运动员体育相结合，进一步实现体育振兴的目标[④]。共同促进社会体育与竞技体育的协调发展这一指导思想，对日本竞技体育的发展产生了非常深远的影响。《体育振兴基本计划》出台了系列新政举措，一方面在全国各省市建立区域体育俱乐部、加强对运动场馆的修建支持力度、培养社区体育指导员等；另一方面提出了建立一条龙训练体系，包括建立国家级水平训练基地、对有运动潜力的少年儿童的培养选拔、完善优秀运动员选材手段、培养高水平教练员、妥善安置退役高水平运动员等举措。建立于1990年的体育振兴基金，用于优秀运动员赴国外比赛、训练等体育经费支出，经费主要来自中央政府投资，此外还有体育彩票基金以及企业赞助、社会捐赠资金的支持[⑤]。2015年，先后成立了特别工作小组和体育厅，加大了对重点竞技项目经费支持。为解决运动员的后顾之忧，还实施了“运动员职业教育计划”“运动员就业支持计划”“体育职业生涯援助战略计划”等，不断完善优秀运动员保障体系。自2000悉尼奥运会后，日本的竞技体育水平稳步提升，取得了有目共睹的成绩。

---

① 高虹. 北京奥运后竞技体育和大众体育的走向问题——东京奥运会后日本体育发展道路的启示[J]. 山东体育学院学报，2008（8）：19-21

② Ya-Ya Yamatit. Development_of_the_sporting_nation_sport_as_a_strategic_area_of_national_policy_in_Japan1[J]. Spo POlicy Politics，2013（2）：277-296

③ 黄聪，等. 日本备战东京奥运会的“全日本体制”研究[J]. 中国体育科技，2019（9）：98

④ 周爱光. 日本体育政策的新动向——《体育振兴基本计划》解析[J]. 体育学刊，2007（3）：16-19

⑤ 王宏江. 美国、澳大利亚和日本竞技体育管理模式研究[J]. 成都体育学院学报，2007（3）：7-11

第三节 世界竞技体育强国优秀运动员培养的发展趋势

一、竞技体育与大众体育协同发展成为必然

广义来说，竞技体育引领运动员在赛场上探求人类更高、更快、更强的极致，社会体育让最广大的人类群体通过体育运动得到教化与健康，这两者都在不同的层面促进了人的全面发展与进步。从体育的发展趋势来看，一方面大众体育为竞技体育提供了坚实的人才基础和源源不断的参与者，大众对体育的参与、观看更催生体育生产要素市场的健康发展；另一方面，竞技体育的快速发展促进了体育训练水平和科技含量的不断提升，同时也满足了人民日益增长的文化需求，吸引更多的民众参与体育活动。在资源一定的情况下，将有限的资源侧重大众体育或侧重竞技体育在短期内会有成效，但长远发展，唯有协同发展，才能促进两者的进步与繁荣。

二、政府与社会结合型优秀运动员培养路径成为主流

在国家政治经济根本制度不变的前提下，各国选择的体育体制和体育发展路径不是一成不变的，其制定和实施都会根据时代环境的变化而变化发展，具有阶段性和即时性。进入新世纪以来，随着全球化进程的加深，世界体育的发展也进入了新阶段。总体来看，政府管理与社会共同参与、双规并行的运动员培养路径已经成为当前各国竞技体育发展的主流趋势，而政府与社会参与培养的程度与方式则各有不同。

社会主导型体制国家能够最大程度地激发市场的活力和社会的参与度，巨大的群众体育基数为优秀运动员的培养选拔奠定了坚实的基础，同时完备的体育赛事体系也为优秀运动员的选拔创造了畅通的渠道。但是，完全社会主导型的体育体制也存在一些缺陷：第一，自由的市场缺乏宏观调控的能力。以德国为例，德国是比较典型的社会主导型国家，德国的竞技体育的发展呈现出一定程度不均衡、不稳定的情况。冰雪项目在德国非常受欢迎，在民众中的普及程度非常高，所以参与德国冰雪运动的运动员基数大、水平高，德国冰雪项目成绩始终保持世界先进水平。但是，德国在保持冬季奥运会和以足球为代表的球类集体项目优势之外，对其他弱势项目的扶持力度不够，项目间发展不平衡问题较明显。此外，在市场经济占绝对主导地位的情况下，一些偶然因素会对体育项目的发展造成较大的影响。比如，20 世纪 80 年代，贝克尔、格拉芙等一

批网球巨星缔造了德国网球的神话，这也直接影响了当时德国民众对网球的关注、热爱与参与，但随着这一批优秀运动员的退役，德国“网球热”渐渐退去，参加网球训练的人数不断减少，随之而来是一个运动项目成绩的不断倒退，这样的不确定因素造成了运动项目发展的不稳定性，不利于该项目的可持续性发展。完全市场条件下，受众关注喜爱、参与度高的体育项目能得到更多更优的资源配置与发展机会，但一些较冷门、关注度低的项目却得不到扶持与投入，参与的运动员也很少，面临“生存危机”，长此以往将导致国家各运动项目发展的不平衡。第二，完全社会主导的优秀运动员培养路径，不仅需要高度发达的市场经济、非常成熟的市场环境作基础，还需要深厚的职业体育文化为支撑。以美国为例，体育是教育的重要部分、是学校功能之一，在这一理念的浸润下，美国学校体育深刻地影响美国的职业体育与竞技体育的发展方向和路径，成为铸就体育强国的摇篮。从美国学校教育的沃土里成长起来的体育也早已超越职业、爱好，而成为美国文化、社会、民众生活的重要组成部分。以美国为代表的社会管理型体育体制需要调动发挥社会各方面的积极性，以促进体育运动的健康发展，这一体育管理体制的健康运行需建立在深厚的群众体育基础和完备的体育基础设施，乃至与之相适应的体育文化理念之上。从全世界范围来看，能达到如此高的市场化与体育文化普及程度的国家并不多，因此，选择政府和社会结合型的体制更符合大多数国家的国情。

正如我国体育在“举国体制”的基础上大力推进市场化改革，以英国、日本、澳大利亚等为代表的资本主义国家，也因为其国体育发展到一定阶段后，加强了政府对竞技体育的宏观调控与管理。可以预见，“政府宏观把控，市场驱动”已经逐步成为新世纪世界体育发展的共识与实践，只是政府多一些还是市场多一些，需要根据不同国家的具体情况具体分析。

三、在奥运会上夺取优异成绩在较长时间内依然是世界各国重要的竞争目标

奥运会作为世界三大顶级赛事之一，是最能充分地展示和衡量一个国家竞技体育综合实力的赛场。一块奥运奖牌的背后是每一个参赛国综合实力的考量与比拼，没有哪项赛事能像奥运会一样吸引如此多的国家和地区参赛。“任何一个国家或民族都不会轻易放弃国际竞技体育的争夺，无论这一争夺发端于意识形态，还是植根于民族主义；无论出于政治目的，还是未来满足社会文化需

求。”①

许多国家都参加了国际体育赛事，为了在奥林匹克运动会获得金牌而进行激烈的竞争。这些国家开始为此目的投资大量的公共资金，这种现象被描述为“全球体育军备竞赛”②。许多国家都出台策略系统为精英运动员提供强健的训练③。从世界范围来看，许多国家都不断调整国家体育政策、增加经费投入以期在奥运会获得更好的成绩。如前文所提到的英国，前后颁布了《2012 使命计划》《2016 使命计划》，目标直指奥运会；日本政府 1988 年失利于汉城后，持续出台各种政策措施，推进日本竞技体育发展，促进日本在奥运会的成绩不断攀升。即便是一些经济欠发达国家也会积极地出台政策、创造条件，在奥运会中争得一席之地。如古巴，古巴体育体制是较典型的“举国体制”，其国内运动员训练、比赛周期均按照奥运会的周期来统筹安排。政府的高度重视和运动员训练举措的有力实施，使得古巴在田径、棒球、排球等项目有较强优势，曾经在 1992 年奥运会夺得奖牌榜第五的好名次，并在棒球比赛决赛中击败了当时不可一世的美国队，创造了“业余击败职业”的棒坛奇迹。

第四节　对我国优秀运动员培养的启示与借鉴

一、坚定道路自信、制度自信，坚持适合中国国情的竞技体育发展道路

一个国家竞技体育的发展与其政治、经济、社会、历史、文化有深厚的联系，盲从照抄照搬任何一种运动员培养体制都是不可为的。应根据自身的具体情况，在尊重体育规律的前提下，借鉴一些成功的经验，发展自身的优势和特点。马克思曾经说过：“人们自己创造自己的历史，但是并不是随心所欲地创造，并不是在他们自己选定的条件下创造，而是在直接碰到的、既定的、从过去继承下来的条件下创造。”④

---

① 卢元镇. 2008 年后的中国体育[J]. 体育文化导刊，2005（10）：12

② Oakley, B. , & Green, M. . The production of Olympic champions: International perspectives on elite sport development system[J]. European Journal for Sport Management, 2009 (8): 83-105.

③ Nikolai Böhlke Leigh Robinson. Benchmarking of élite sport systems[J]. Management Decision, 2009 (1): 67-84

④ 马克思. 马克思恩格斯选集[M]. 北京：人民出版社，1972：603

研究表明，竞技体育某种程度上是一个国家的文明程度、综合国力和科技水平等多方面在世界舞台的综合呈现，各国都非常关注和重视，各国政府都会参与竞技体育的管理，但参与的方式和程度有所不同，且各国政府在不同的时代背景和国情下，都会有选择性地调整竞技体育的发展方向和目标。对于我国而言，也应该深刻分析现阶段的具体国情，选择适合当前中国国情的竞技体育改革道路。

二、竞技体育发展是引领体育强国建设的主力军

历史证明，我国竞技体育取得的辉煌成就，对我国体育的发展、振奋民族精神，乃至提升中国国际影响力都发挥了独一无二的重要作用，可以说是中国走向世界的“先锋队”“突击队”。

从现实看，虽然感觉“举国体制”下的竞技体育边际效应递减，实则不然，竞技体育依然在体育强国的征程中发挥关键的作用。建设体育强国需要竞技体育、大众体育、医疗康复体育以及体育产业、体育科技等领域多头并进，竞技体育在这众多领域中依然有突出的引领作用和强大的辐射作用。从广义来看，竞技体育包含着人类挑战自我、追求卓越的精神内核；从狭义来看，竞技体育对任何一个国家和民族都具有团结民众、振奋精神的强大感召力。竞技体育的繁荣发展能够有效促进大众对体育的参与度和关注度，从而促进体育其他衍生领域的健康发展。

三、处理好政府与市场关系是优秀运动员培养改革的关键

“举国体制”可以在任何一个国家实施。以政府为主导的“举国体制”和以市场为主导的市场经济体制同样可以为了一个共同的目标而协调合作、共同前行，应该进一步从理论和实践上丰富我国市场经济条件下运动员培养路径。

从世界范围来看，政府和市场结合型的体育体制更有利于发挥政府的主导作用和市场的多元化力量，也是目前绝大多数世界体育强国选择的体育发展模式。由于我国政府主导的体制影响深远、市场发育较弱，所以转变政府职能，处理好政府与市场的关系是我国竞技体育的关键所在。

四、可持续发展需厚植于群众体育蓬勃发展的沃土

研究可得，各个体育强国的管理模式各有所长，但有一个共同的特点便是高度发达的大众体育。竞技体育的发展需厚植于大众体育这方沃土，同时施以市场经济的灵活生机，打通竞技体育与大众体育之间的壁垒，让体育的细胞扎

根于广大人群，让体育成为社会共识和共同行为，才能建立起充沛的后备人才库。最典型如俄罗斯，经历了战争、政治变革、经济崩溃等重创，但俄罗斯的竞技体育能始终保持世界前列水平、体育人才辈出，这得益于其优秀运动员培养是建立在全民健身基础之上的。早在1917年十月革命后，苏联便建立了国家教育委员会，在学校里普及体育教育，让每一个苏维埃人都有可能参加体育运动，体育成为人民文化生活中一个不可缺少的部分。苏联解体时，苏联全国参加体育运动的人数已发展到总人口的35%以上。俄罗斯的体育强在了“骨子”里，这为俄罗斯称雄国际体坛奠定了坚实的基础。

五、分类指导、循序渐进、各个突破

我国竞技体育根系庞大、盘根错节，每一个体育项目的地位基础、发展规律和现状都千差万别，市场化程度不尽相同。市场体育有几个非常固定的特点，比如要有连续性的赛事，有相对稳定的球迷团体等。中国体育应该选出几个有潜力的项目，把他们完全交给市场。①因此，在推进体育项目市场化的进程中，不能一刀切，要做到分类指导、各个突破、循序渐进。一方面要发挥三级训练体系中地方的积极作用，将国家对竞技体育改革顶层设计规划落实；另一方面应该在科学研判的基础上，在中央和各级政府的指导和扶持下，对体育项目进行有规划、有步骤的推向市场。

本章小结：各国的优秀运动员培养模式都受到各自国家政治、经济以及体育发展基础的影响，但从以上竞技体育强国的管理模式和经验来看，依然存在共性：市场起主导作用，政府和社会相结合的培养模式比较普遍。现阶段，我国竞技体育正由政府主导的“举国体制”向政府引导、市场主导的“新‘举国体制’”的转换，一方面要坚定四个自信，坚持走有中国特色的竞技体育发展之路；另一方面也要认真研究学习其他国家的成功经验和做法，处理好政府与市场关系，要把优秀运动员培养厚植于大众体育这方沃土，打通竞技体育与群众体育之间的壁垒，让基层的体育细胞扎根于广大人群，分类指导、循序渐进、各个突破，才能不断优化我国优秀运动员培养路径，促进我国竞技体育的可持续发展。

---

① 马国力. 中国体育产业最缺什么　体育总局如何转型[N]. 南方人物周刊，2008-09- 01

第五章　市场化机制下我国优秀运动员培养路径

【本章提要】　中国改革开放40多年成效的宝贵经验足以证明：走市场化道路是改革与完善“举国体制”的最优项选择，也是我国优秀运动员培养的新动力。在中国经济社会发展、大国文化崛起、国际格局深刻变化的“百年之未有大变局”中，建设体育强国成为实现中华民族伟大复兴的战略任务之一，深化体育改革唯有顺势而上，将市场化改革进行到底。

第一节　我国优秀运动员培养路径市场化改革的时代背景

一、市场化为优秀运动员培养路径改革提供了内在驱动力

党的十八大提出深化改革、加快转变经济发展方式的任务，在经济结构战略调整的过程中，经济体制改革的核心问题是处理好政府和市场的关系，必须更加尊重市场规律，更好地发挥政府作用。2013年11月，党的十八届三中全会审议通过《中共中央关于全面深化改革若干重大问题的决定》中正式提出，使市场在资源配置中起决定性作用（如图5-1所示）；2014年9月，国务院常务会议提出，增加体育产品和服务供给，并要求：简政放权、放管结合，取消商业性和群众性体育赛事审批[①]。2015年11月10日，习近平总书记首次提出“供给侧改革”，明确提出在适度扩大总需求的同时，着力加强供给侧结构性改革，着力提高供给体系质量和效率，增强经济持续增长动力。在发挥市场从“基础性”作用到“决定性”作用的历史转折中，我国体育事业如何抓住“供给侧结构性改革”战略机遇，深化改革，全面推进体育机构改善和治理能力的提升，

① 李克强主持召开国务院常务会议．研究完善预算管理促进财政收支规范透明的相关意见，部署加快发展体育产业、促进体育消费推动大众健身[N]．中国体育报，2014-09-04

是事关我国体育事业实现健康可持续发展的重大历史机遇。

基础性作用
党的十五大——使市场在国家宏观调控下对资源配置起基础性作用
党的十六大——在更大程度上发挥市场在资源配置中的基础性作用
党的十七大——从制度上更好发挥市场在资源配置中的基础性作用
党的十八大——更大程度更广范围发挥市场在资源配置中的基础性作用

↓

决定性作用
党的十八届三中全会——使市场在资源配置中起决定性作用
党的十九大——更好发挥市场配置资源的决定性作用

图 5-1　我国政府与市场关系发展趋势

与国家经济体制加速改革发展同步，我国体育事业也加快了体育各领域深化改革的步伐。2014 年 10 月，出台国务院 46 号文件《关于加快发展体育产业促进体育消费的若干意见》，值得一提的是，这一文件由国务院直接下发，表明了党中央和政府对体育事业改革的态度与决心。随后体育总局会同国家发改委等部门，陆续出台了近 20 份配套文件（见表 5-1 所列）。在运动员培养问题上，2014 年年底，体育总局颁布《奥运项目竞技体育后备人才培养中长期规划（2014—2024）》，2015 年 3 月，国务院颁发了《中国足球改革发展总体方案》……省级政府层面也纷纷出台了与之相呼应的各项改革措施。中国体育改革迅速被推动进入了全新的发展阶段，相关改革举措的相继出台，为我国优秀运动员培养路径改革提供了内在驱动力。通过这一系列文件的出台可以看到，国家正努力用市场的力量来打破原有体制的束缚，发挥市场“决定性”作用，推动我国体育事业实现新的发展。

表 5-1　国务院 46 号文件配套文件

序号	文件名	印发单位	出台时间
1	《关于做好政府向社会力量购买公共文化服务工作的意见》	国务院办公厅转发文化部、财政部、新闻出版广电总局、体育总局	2015 年 5 月

（续表）

序号	文件名	印发单位	出台时间
2	《体育总局关于全面清理不利于体育产业发展有关规定的通知》	体育总局	2015 年 2 月
3	《体育总局关于推进体育赛事审批制度改革的若干意见》	体育总局	2014 年 12 月
4	《全国性单项体育协会竞技体育重要赛事名录》	体育总局	2014 年 12 月
5	《在华举办国际体育赛事审批事项改革方案》	体育总局	2014 年 12 月
6	《以运动项目管理中心和单项体育协会改革为突破口，深化体育管理体育改革的方案》	体育总局	2014 年 12 月
7	《体育总局办公厅关于进一步清理规范赛事收费的通知》	体育总局	2015 年 3 月
8	《体育场馆运营管理办法》	体育总局	2015 年 2 月
9	《大型体育场馆免费低收费开放补助资金管理办法》	财政部、体育总局联合印发	2014 年 12 月
10	《关于开展大型体育场馆运营管理改革创新专项检查工作的通知》	体育总局、财政部联合印发	2015 年 2 月
11	《中央集中彩票公益金支持体育事业专项资金管理办法》	财政部、体育总局印发	2015 年 6 月
12	《关于做好国务院关于加快发展体育产业促进体育消费的若干意见落实工作的通知》	发展改革委、体育总局联合印发	2015 年
13	《关于做好体育产业联系点有关工作的通知》	发展改革委、体育总局联合印发	2015 年 7 月
14	《国家体育产业统计分类》	国家统计局印发	2015 年 8 月
15	《足球发展中长期规划（2016—2050）》	发展改革委、体育总局	2015 年 4 月
16	《关于改进体育比赛广播电视报道和转播工作的通知》	国家新闻出版广电总局	2015 年 12 月
16	《全国足球场地设施建设规划(2016—2020 年)》	发展改革委、体育总局	2016 年 5 月
17	《冰雪运动发展规划（2016—2025 年》）	国家发展改革委、体育总局、教育部、国家旅游局	2016 年 11 月

（续表）

序号	文件名	印发单位	出台时间
18	《青少年体育活动促进计划》	体育总局、教育部、中央文明办、发展改革委、民政部、财政部、共青团中央	2018 年 2 月

二、体育强国建设成为新时代体育发展新坐标

在成功举办 2008 北京奥运会以后，我国明确提出从“体育大国”向“体育强国”迈进的新目标。何谓“体育强国”，我国学界许多专家学者都对此进行了卓有成效的思考与探索。从“大”到“强”，虽一字之差，却本质不同：“大，主要是指数量多，规模大，而强，主要是指质量高，实力雄厚，二者是不同发展水平和发展层次的。”[①]在竞技体育领域，后奥运时代要纠正“竞技顶峰”之说；竞技与群体要在共同发展中体现和谐[②]。体育强国的基本内涵，首先，是以人为本的体育，体育首先要促进人的全面发展；其次，要高度重视并充分发挥体育在促进经济建设、政治建设、社会建设、文化建设、生态文明建设中的独到功能；再次，体育强国强调全面协调可持续的发展，要统筹处理好竞技体育与群众体育、职业体育与业余体育、体育事业和体育产业之间的协调发展关系。

习近平总书记对我国体育事业寄予厚望，他说：体育是社会发展和人类进步的重要标志，是综合国力和社会文明程度的重要体现。体育在提高人民身体素质和健康水平、促进人的全面发展，丰富人民精神文化生活、推动经济社会发展，激励全国各族人民弘扬追求卓越、突破自我的精神方面，都有着不可替代的重要作用。这一重要论述为新时期我国体育事业的发展提出了明确的定位与发展方向。党中央国务院出台系列重要文件推动体育事业的改革进程，释放出强烈的信号，体育界乃至全社会，要在实现中华民族伟大复兴的战略高度重视和推动体育事业的改革与发展。

① 田雨普. 努力实现由体育大国向体育强国的迈进[J]. 体育科学，2009（3）：3-8

② 鲍明晓. 体育大国向体育强国迈进的战略研究[J]. 南京体育学院学报，2009（12）：1-7

三、世界体育发展趋势为优秀运动员培养创造机遇

职业化、商业化以及市场化是世界体育发展的三大趋势，由此带来国际竞赛格局、制度等也随之变化，也为体育人力资源竞争核心的优秀运动员带来了发展机遇。从世界范围内看，国际奥委会在20世纪80年代允许职业运动员参加奥林匹克比赛，标志着体育职业化在世界体坛上被予以认可接受，伴随运动员职业化，是与之不可割裂的商业化进程。职业运动员受雇于体育俱乐部等商业组织，其价值是以“商品”的形式得以体现，职业运动员的价值即是其商业价值。而体育的职业化、商业化进程，又无时无刻不是在以市场为资源配置手段的资本环境中得以实现并发展壮大。职业化、商业化与市场化已然成为全球体育发展的共同趋势，而在运动员培养问题上，无论在投资职业选手培养，还是在选择商业运作形式等，无不以“市场”作为资源配置手段。20世纪90年代初，我国足球运动率先走向职业化改革，我国部分项目专业运动员逐步分化成为职业化运动员，经过改革开放，随着我国体育体制改革的深化与体育国际化进程，职业运动员已经成为我国优秀运动中一支重要的力量，运动员职业化也成为我国运动员发展的大势所趋。

中华人民共和国成立以来，在“举国体制”为主导的运动员培养模式下，我国优秀运动员的培养几乎是在一个相对独立、封闭的环境中完成的，然而建设体育强国的目标是要比肩世界诸多体育强国，是要提高“国际话语权”，在这样激烈的国际竞争中，唯有顺应融入世界体育发展的潮流，主动迎接机遇与调整，不断强大自身，才可在竞争中立于不败之地。以我国女排现役主力队员朱婷为例，2016年5月，朱婷转会土耳其女排超级联赛冠军队伍瓦基夫银行俱乐部，能在20岁出头就到国外打联赛，朱婷堪称中国女排第一人。以前，很多国手只能在退役后才能出国打球。此次放行朱婷可以预见，我国优秀运动员培养逐步走向职业化、商业化、市场化亦是大势所趋。让我国优秀运动员在市场配置的作用下，走向市场、走向世界，给予运动员更大的发展空间与学习机遇，有助于尽快提升运动员的竞技能力，让优秀运动员资源得以优化配置。

第二节　市场化进程中我国优秀运动员培养面临的挑战

市场化作为中国社会转型和政府机构改革的主要推动力和价值取向，其影

响范围表现在我国国民经济生活和社会生活的各个方面，优秀运动员的培养也不例外。随着经济体制的不断健全，中国社会经济容量的增大，可以为培养优秀运动员提供的物质保证和智力支持也随之增多，体育事业的发展正面临前所未有的发展机遇。然而，市场经济在为整个社会发展注入活力的同时，也产生了诸多利益的冲突和更多的外部竞争，市场化体制下我国优秀运动员培养还面临一些严峻的挑战。

一、市场化固有缺陷导致竞技体育的异化

首先，市场逐利本质如不加控制将会对竞技体育可持续发展造成威胁。从市场的角度来看，虽然高品质的竞技体育赛事具有很强的“吸金”能力，但是，优秀运动员的培养并不是一个能够挣“快钱”的行业。就我国目前情况而言，无论是金牌赛事，还是优秀运动员的培育培养都需要时间的深耕厚积与市场的培育养成，但体育项目的市场化意味资本介入，资本具有明显的逐利性，企图用最少的投入换取最大的回报。目前，一些职业赛事成为俱乐部扩大影响、做广告宣传的平台。在这样急功近利“规则”下，稍有不慎，便会为我国竞技体育的可持续发展造成伤筋动骨的危害。以中国足球改革为例，曾被国人予以厚望的职业足球，在并未建立起完善的运行机制和监督手段的情况下，贸然打开市场，导致市场优势受限制过多无法发挥，而市场弊端却快速滋长横行，个别运动员虚报年龄、参与赌球、踢假球、裁判吹黑哨，导致参与职业足球方方面面的问题层出不穷，严重影响了足球的健康发展。从中国足球职业改革的经验教训来看，中国体育管理经历了两个极端化管理模式的考验，沉痛的教训为“两手抓”和“双轨制”的体育治理新模式积累了宝贵借鉴①。市场化高度发达如美国，2017 年，爆发出 NCAA 腐败丑闻，也极大地影响了 NCAA 与 NBA 的密切合作关系。由此可见，缺乏政府的有效引导，缺失完善的监督约束机制，一味地推向市场犹如打开了一只“潘多拉魔盒”。

其次，结构失衡、供需矛盾是目前我国竞技体育发展的结症问题之一，包括人才结构、项目结构、体育产业结构等都亟待优化和调整，过分突出市场机制的自发调节作用，而忽视了宏观调控，可能进一步加剧竞技体育的结构性矛盾。

---

① 王邵励. 从“体育管理”到“体育治理”：改革背景与内涵新创[J]. 成都体育学院学报，2015（5）：7-11

二、市场化“双刃剑”对优秀运动员培养提出了更高的要求

竞技体育的高度市场化必将带来优秀运动队商业价值的提升，除了带来可观的赞助经费，还能够在扩大运动队、运动员影响力的同时激发起群众对关注、参与体育更大的热情；越来越多的运动员进入职业联赛，这些都为优秀运动员的培养创造了更为有利的物质条件、智力支持和社会基础。但是，市场化也是一把“双刃剑”，首先，过度的商业活动、不合理的安排会对运动员的训练参赛造成极大的影响，有可能造成缩短运动员职业生涯的风险。其次，为了获得更多的经济利益，个别运动员往往选择了急动近利、杀鸡取卵的行为提前结束自己的运动生涯，如服用兴奋剂、频繁参赛、谎报年龄、贿赂裁判等，都会严重影响运动员的健康可持续发展。再次，个别优秀运动员在很年轻的时候获得冠军，名利双收，缺乏对荣誉和金钱正确的认识和掌控能力，无法处理好个人利益与集体利益、国家利益的关系，反而为自己的职业生涯产生巨大隐患甚至提前断送。运动员的个人利益和国家利益相冲突的时候，既存在现有体制对优秀运动员发展的束缚，部分优秀运动员的思想观念中也存在一定程度的误区。这需要出台更加合理的运动员管理体制机制，对优秀运动员在个人利益与祖国利益发生冲突的时候予以制衡。

三、对体制的“惯性依赖”束缚了市场正向发力

中国的市场化改革遇到过两大阻碍，一个是意识形态上的，另一个则来自实践[①]。这是英国诺贝尔经济学家罗纳德·哈里·科斯评价20世纪80年代中国市场化改革的一家之言，用这句话审视我国竞技体育改革之现状可以发现，我国竞技体育改革依然还存在理论与现实的割裂与冲突。根深蒂固的思想意识、利益群体的固化矛盾，对原有体制的“惯性依赖”，仍在不同程度地阻碍着体育改革之路。“举国体制”是一个复杂的系统工程，包括体育行政、运动训练、运动竞赛和财政支持等主要体系，其下又细分优秀竞技体育人才培养体系、运动员文化知识教育体系、运动员保障体系、反兴奋剂体系、科技服务体系等许多辅助体系，构成了一艘庞大的优秀运动员培养“航母”。虽然国家层面已经通过政策、资金等形式驱动体育改革的深入，但传统的观念、固化的体系、休戚相关的利益群体成为竞技体育改革路上最大的障碍。再者，我国竞技体育发

---

① [英]罗纳德·哈里·科斯，等. 变革中国——市场经济的中国之路[M]. 徐尧，李哲民，译. 北京：中信出版社，2014：221

展起步便对标奥运会、全运会。四年为一周期的备战规律不完全符合体育市场的发展要求。

从目前的实际情况来看，顶层设计下的竞技体育体制市场化改革进展比较缓慢。特别是涉及奥运项目、“三大球”等关注度高的项目，改革的步伐显得愈加缓慢，这与群众热切关注的热度形成了“雷声大雨点小”的鲜明差距。2014年12月，时任国家体育总局局长刘鹏在全国体育局长会议中指出，直属事业单位行政、事业、社团、企业四位一体是体育行业深化管理体制改革面临的焦点和关键问题①，并宣布了由国家体育总局制定的《以运动项目管理中心和单项体育协会改革为突破口，深化体育管理体制改革的方案》，该方案是国务院46号文件的配套文件，主要内容是将以运动项目管理中心和单项体育协会改革试点为突破口，深化体育管理体制改革，按照问题导向、分类推进的思路，首批脱钩选择了包括游泳、滑雪等10个奥运项目。但是，2015年11月，国家发改委公布了2015年全国性行业协会商会脱钩试点名单（共148家），其中涉及体育部门的有14家（见表5-2所列），通过这份名单可以看到，到目前为止并未涉及奥运项目协会的脱钩计划出台。仅凭一个文件并无法迅速改变体育事业的现状，一方面它需要出台与之配套的政策，另一方面这些文件距离真正落地执行依然还有较长的路要走。

表5-2　2015年全国体育行业协会商会脱钩试点名单

序号	行业协会商会名称	业务主管单位（或原业务主管单位）	备注
1	电力体育协会	国家体育总局	
2	全国体育运动学校联合会	国家体育总局	
3	中国兵器工业体育协会	国家体育总局	
4	中国大学生体育协会	国家体育总局	
5	中国化工体育协会	国家体育总局	
6	中国火车头体育协会	国家体育总局	
7	中国煤矿体育协会	国家体育总局	
8	中国企业体育协会	国家体育总局	
9	中国少数民族体育协会	国家体育总局	

① 王镜宇，吴俊宽. 国家体育总局确定体制改革试点　足协首当其冲[OL].（2014-12-30）[2021-12-15] http://sports.people.com.cn/n/2014/1230/c22176-26298498.html

（续表）

序号	行业协会商会名称	业务主管单位（或原业务主管单位）	备注
10	中国石油体育协会	国家体育总局	
11	中国体育场馆协会	国家体育总局	
12	中国体育集邮与收藏协会	国家体育总局	
13	中国体育用品业联合会	国家体育总局	
14	中国中学生体育协会	国家体育总局	

2019 年 6 月，国家发改委联合民政部等 10 部委发布《关于全面推开行业协会商会与行政机关脱钩改革的实施意见》，列出了全国性行业协会商会脱钩改革名单，一共包括 795 家，体育系统启动脱钩改革的共 89 家项目或行业体育协会，其中，中国风筝协会、中国健美协会等 21 个非奥项目协会已经完成脱钩，另有 68 个运动项目协会还处于拟脱钩状态中（见表 5-3 所列），其中不仅包括市场化程度较高的中国篮球、排球协会等，同样还有社会化并不高的如冰壶、体操、摔跤协会等，既有非奥项目协会，也有大量奥运项目协会。

从 2015 年第一批脱钩名单到 2019 年最新的脱钩改革名单可以看到，四年多时间中，以奥运项目为代表的我国竞技体育核心资源无一实现了脱钩改革。包括拟脱钩的部分协会运动项目管理中心依然存在，如中国篮协和篮球运动管理中心。虽然“脱钩”并不意味政府一脱了之、放任不管，而是旨在通过对体育项目去行政化，明确政府、市场和社会三者的权责利，让政府弱化行政管理职能、协会强化自律管理、企业依法自主经营，逐步构建起科学高效的现代体育治理体系。然而现实可见，理论和现实的差距还很遥远，竞技体育项目的社会化、市场化任重而道远，前景光明、目标明确，实践却举步维艰，实际效果也差强人意。

表 5-3　2019 年体育行业协会商会脱钩改革名单

序号	行业协会商会名称	业务主管单位（或原业务主管单位）	备注
1	全国体育运动学校联合会	国家体育总局	已脱钩
2	中国兵器工业体育协会	国家体育总局	已脱钩
3	中国化工体育协会	国家体育总局	已脱钩
4	中国煤矿体育协会	国家体育总局	已脱钩
5	中国企业体育协会	国家体育总局	已脱钩

（续表）

序号	行业协会商会名称	业务主管单位（或原业务主管单位）	备注
6	中国少数民族体育协会	国家体育总局	已脱钩
7	中国石油体育协会	国家体育总局	已脱钩
8	中国体育场馆协会	国家体育总局	已脱钩
9	中国体育集邮与收藏协会	国家体育总局	已脱钩
10	中国体育用品业联合会	国家体育总局	已脱钩
11	中国信鸽协会	国家体育总局	已脱钩
12	中国风筝协会	国家体育总局	已脱钩
13	中国健美协会	国家体育总局	已脱钩
14	中国龙狮运动协会	国家体育总局	已脱钩
15	中国汽车摩托车运动联合会	国家体育总局	已脱钩
16	中国台球协会	国家体育总局	已脱钩
17	中国体育舞蹈联合会	国家体育总局	已脱钩
18	中国飞镖协会	国家体育总局	已脱钩
19	钓鱼运动协会	国家体育总局	已脱钩
20	电力体育协会	国家体育总局	已脱钩
21	中国拔河协会	国家体育总局	已脱钩
22	社会体育指导员协会	国家体育总局	拟脱钩
23	中国棒球协会	国家体育总局	拟脱钩
24	中国保龄球协会	国家体育总局	拟脱钩
25	中国蹦床与技巧协会	国家体育总局	拟脱钩
26	中国冰壶协会	国家体育总局	拟脱钩
27	中国冰球协会	国家体育总局	拟脱钩
28	中国车辆模型运动协会	国家体育总局	拟脱钩
29	中国登山协会	国家体育总局	拟脱钩
30	中国定向运动协会	国家体育总局	拟脱钩
31	中国帆船帆板运动协会	国家体育总局	拟脱钩
32	中国高尔夫球协会	国家体育总局	拟脱钩
33	中国国际跳棋协会	国家体育总局	拟脱钩
34	中国国际象棋协会	国家体育总局	拟脱钩
35	中国航海模型运动协会	国家体育总局	拟脱钩

（续表）

序号	行业协会商会名称	业务主管单位（或原业务主管单位）	备注
36	中国航空运动协会	国家体育总局	拟脱钩
37	中国滑冰协会	国家体育总局	拟脱钩
38	中国花样滑冰协会	国家体育总局	拟脱钩
39	中国滑雪协会	国家体育总局	拟脱钩
40	中国火车头体育协会	国家体育总局	拟脱钩
41	中国击剑协会	国家体育总局	拟脱钩
42	中国极限运动协会	国家体育总局	拟脱钩
43	中国健美操协会	国家体育总局	拟脱钩
44	中国健身气功协会	国家体育总局	拟脱钩
45	中国救生协会	国家体育总局	拟脱钩
46	中国举重协会	国家体育总局	拟脱钩
47	中国空手道协会	国家体育总局	拟脱钩
48	中国篮球协会	国家体育总局	拟脱钩
49	中国老年人体育协会	国家体育总局	拟脱钩
50	中国垒球协会	国家体育总局	拟脱钩
51	中国龙舟协会	国家体育总局	拟脱钩
52	中国轮滑协会	国家体育总局	拟脱钩
53	中国马术协会	国家体育总局	拟脱钩
54	中国门球协会	国家体育总局	拟脱钩
55	中国滑水潜水摩托艇运动联合会	国家体育总局	拟脱钩
56	中国排球协会	国家体育总局	拟脱钩
57	中国皮划艇协会	国家体育总局	拟脱钩
58	中国乒乓球协会	国家体育总局	拟脱钩
59	中国潜水运动协会	国家体育总局	拟脱钩
60	中国桥牌协会	国家体育总局	拟脱钩
61	中国曲棍球协会	国家体育总局	拟脱钩
62	中国拳击协会	国家体育总局	拟脱钩
63	中国柔道协会	国家体育总局	拟脱钩
64	中国软式网球协会	国家体育总局	拟脱钩

（续表）

序号	行业协会商会名称	业务主管单位（或原业务主管单位）	备注
65	中国赛艇协会	国家体育总局	拟脱钩
66	中国射击协会	国家体育总局	拟脱钩
67	中国射箭协会	国家体育总局	拟脱钩
68	中国手球协会	国家体育总局	拟脱钩
69	中国摔跤协会	国家体育总局	拟脱钩
70	中国体操协会	国家体育总局	拟脱钩
71	中国田径协会	国家体育总局	拟脱钩
72	中国铁人三项运动协会	国家体育总局	拟脱钩
73	中国网球协会	国家体育总局	拟脱钩
74	中国围棋协会	国家体育总局	拟脱钩
75	中国无线电和定向运动协会	国家体育总局	拟脱钩
76	中国武术协会	国家体育总局	拟脱钩
77	中国现代五项运动协会	国家体育总局	拟脱钩
78	中国象棋协会	国家体育总局	拟脱钩
79	中国游泳协会	国家体育总局	拟脱钩
80	中国羽毛球协会	国家体育总局	拟脱钩
81	中国掷球协会	国家体育总局	拟脱钩
82	中国自行车运动协会	国家体育总局	拟脱钩
83	中国橄榄球协会	国家体育总局	拟脱钩
84	中国毽球协会	国家体育总局	拟脱钩
85	中国跆拳道协会	国家体育总局	拟脱钩
86	中华名人垂钓俱乐部	国家体育总局	拟脱钩
87	中国雪橇协会	国家体育总局	拟脱钩
88	中国雪车协会	国家体育总局	拟脱钩
89	中国冬季两项运动协会	国家体育总局	拟脱钩

第三节　我国优秀运动员培养市场化路径及选择

一、新时期我国优秀运动员培养市场化的必然性

（一）是建立完善体育治理体系的必经之路

2013 年，党的十八届三中全会提出，“完善和发展中国特色社会主义制度、推进国家治理体系和治理能力现代化”，将此确立为全面深化改革的总目标。这一目标的确立是我们党在改革开放 30 多年治国理政实践总结与理论升华的基础上，将国家构建提升到一个新的境界和新的高度[①]。2019 年 12 月，党的十九届四中全会审议通过了《中共中央关于坚持和完善中国特色社会主义制度、推进国家治理体系和治理能力现代化若干重大问题的决定》，彰显了国家从顶层设计推动全面深化改革的决心。从“管理”到“治理”，一字之差，内涵改变却重大而深远，其中最为核心的区别在于，“管理”的主体是政府，强调政府行为；而“治理”则强调了主体的多样性，政府、社会组织、企事业单位甚至个人都是治理的主体，治理主体之间是平等合作关系，它们依照法律参与对社会活动的规范与管理，从而实现公共利益的最大化。

加快推进我国体育治理体系与治理能力现代化建设，既是体育事业发展的急迫要求，也是国家治理体系建设的基础环节。当今世界大部分体育强国都十分重视发挥体育在促进社会建设和创新社会治理方面的独特作用[②]。当前对建立和完善体育治理体系而言，就是要建立起一些相关部门、市场、社会、个人权责分明、各行其是、优势互补的协同体系，这一体系的建立离不开体育事业的市场化进程，唯有以市场化改革的力量打破当前政府“包揽”过多的现状，促使社会治理体系的多元主体得以快速成长壮大。从这个意义上讲，加快推进体育市场化进程是体育事业改革的内在需求，也是建立和完善体育治理体系的基本要素。

（二）是深化优秀运动员培养供给侧结构性改革的必然选择

运动员培养模式是在一定的资源配置过程中产生发展的，又是组织成员在

---

① 杨桦. 中国体育治理体系和治理能力现代化的概念体系[J]. 北京体育大学学报，2015（8）：1-6

② 鲍明晓. 新时代体育强国建设六大战略意义[J]. 体育学研究，2018（3）：1-4

对组织资源配置的认识、研究和选择中产生和发展的[①]。中华人民共和国成立以来特别是改革开放以来，“举国体制”的计划经济手段取得了竞技体育系列成就的同时，也逐渐出现竞技体育项目、人才培养结构失衡等问题；现行的“事业与企业并举、计划与市场并存”的“双轨制”模式在运动员培养过程中进行了许多的实践和探索，也走过一些弯路。比如，最早实行市场化改革探索的中国足球的改革，在涉及具体管理和运营的时候，两块牌子一套人马的管理经营模式，让市场与计划混淆不清，留下了深刻的经验教训。事实证明，这些问题和矛盾产生并日益累加聚集，包含国家利益、社会需要、市场需求和运动员个体诉求的交织，牵一发而动全身，是现行体育举国体制本身所不能解决的，需要政府管理部门在中国深化供给侧结构性改革的时代洪流中，以改革创新的思维，以更为坚定的态度、更科学的方法从“供给端”对优秀运动员培养问题进行优化升级。通过对优秀运动员培养体制、结构等的改革，实现中国竞技体育乃至中国体育事业的健康持续发展。

（三）是实现优秀运动员全面可持续发展的必然需要

伴随我国体育事业的不断发展，体育理论界对“举国体制”的探讨一直是一个备受关注又老生常谈的论题。毫无疑问，从中华人民共和国成立以来，“举国体制”下的中国体育完成了体育振奋民族精神、为国争光、提升国家形象的重要历史使命。与此同时，竞技体育的极致发展也带来一些问题，体育资源配置欠合理、体育发展不平衡等，特别是在体育强国发展目标下，“一枝独秀”的体育发展形势不再适应经济社会的发展和人民的需求，体育制度的求新求变势在必行且迫在眉睫。

在我国长期坚持的“举国体制”实践中，最为社会诟病的问题之一便是在长期集中封闭的训练中，忽视了对运动员的教育管理，有可能致使运动员的学习新知识能力、与社会的交往沟通能力等偏低，导致运动员结束运动生涯后可持续发展力弱，且现行管理模式下不可能对所有退役运动员进行妥善安置。对运动员个人而言，退役安置问题处理不当，将很大程度上影响后备体育人才参与竞技体育的热情，长远看势必影响体育事业的健康发展。

培养一名优秀运动员和培养一名受人尊敬的优秀运动员，两字之差，却还有很长的路要走，市场是培养高质量优秀运动员的重要力量。长久以来秉持的

① 刘青. 论我国网球运动员的培养模式及融入国际职业网球的途径[J]. 成都体育学院学报，2006（5）：55

"金牌至上"的优秀运动员培养价值观，将关注点放在培养一个世界冠军上，而市场化的运动员培养，其内涵更加多元化，优秀运动员不仅仅要面对运动场上的较量，更要面对来自市场多元化文化的冲击与挑战。姚明作为我国成功的职业运动员，在其初闯 NBA 时由于文化背景等的巨大沟壑，遇到了许多的质疑与误解，而姚明最终用其高超的情商和智商与良好的职业素养将质疑与矛盾一一化解，赢得了所有人的尊重。姚明 8 岁进入少年体校进行篮球训练，17 岁入选国家队，同年作为上海队主力参加了全国男篮甲 A 联赛，他一共参加了四年 CBA 联赛，21 岁以状元身份入选休斯敦火箭队。可以设想，除去智商、个性等因素，姚明职业化经历历练了他较高的综合素质和职业素养，职业化赛事让姚明竞技成绩提高的同时，也让姚明见识了更多的风雨与世面，让他无论是待人接物、面对舆论、一言一行都更加睿智而老练。带领中国女排一次次走向辉煌的郎平，在运动员生涯退役后，曾在意大利、美国等国担任职业教练，再次回到中国的郎平已经成长和蜕变成为一名职业素养极高、成熟全面的职业教练。没有 CBA、NBA 的锤炼就没有姚明，没有"单飞"和 WTA 系列赛的锤炼就没有李娜，没有向社会和市场开放新兴项目的举办权就没有冯姗姗、李昊桐、丁俊晖[①]。

二、实现我国优秀运动员培养路径市场化的主要对策

（一）树立优秀运动员培养主体多元化新理念

随着改革进程的不断推进，政府体育部门必然要逐步脱离微观管理，而将更多的精力用于宏观政策的制定与调控。因此，必须对传统观念加以更新。一方面，树立起通过市场力量、社会力量等多方面培养优秀运动员的发展观念，将优秀运动员培养过程中可以市场化的部分剥离出来；另一方面，要改变优秀运动员及其家庭对国家资源的依赖思想，进入"三级训练体系"的集训队，并不意味着可以一劳永逸、没有后顾之忧，运动员作为社会性的个人最终仍然要融入整个社会的有序发展之中，只有这样才能有效提高现役运动员的综合素质，增强未来适应社会发展需要的能力。市场化的培养主体应当是多元的，在我国现阶段，市场化培养主体既应包括原来运动员专业培养体系中的各级政府体育行政部门，也应包括各类高等院校、企业性质的职业俱乐部、各种高水平社会体育组织以及以丁俊晖为代表的个人和家庭等。

---

① 王家宏，等. 聚焦改革开放 40 年：中国体育改革与发展的思考[J]. 体育学研究，2018（12）：64-73

（二）加快体育治理体系和治理能力的建设与提升

提升我国体育治理体系和治理能力首要是建立健全职责明确、运转有序的治理主体体系，体育的治理主体构成主要包括体育行政系统、市场、体育社会组织及个人，同时发挥四个主体的积极能动性、协同推进是关键，这一目标任务与我国竞技体育市场化改革是高度一致的。国家体育总局在《2011—2020 年奥运争光计划纲要》中明确提出：积极探索社会主义市场经济条件下职业体育的发展方式，稳步推进竞技体育职业化发展，初步形成政府主导、规划科学、依托市场、管理规范、产权清晰、运转高效的具有中国特色的职业体育管理体制和运行机制。习近平总书记指出：社会治理是一门科学，管得太死，一潭死水不行；管得太松，波涛汹涌也不行。要讲究辩证法，处理好活力和秩序的关系。秩序与活力应由政府和市场来各司其职、各行其是。

（三）建立以人为本的优秀运动员培养新体系

在优秀运动员培养全过程中积极发挥社会和市场的作用，拓宽优秀运动员培养路径，除原有“三级训练体系”培养模式，建立更自由的运动员注册流动机制，让社会俱乐部、职业俱乐部、学校等都成为优秀运动员培养的摇篮，让优秀运动员的成长更多元化、更全方位。这种更开放的培训体系可以让优秀运动员的成长真正成为人的全面发展的过程，而不是仅仅关注于训练成绩。此外，市场化的开放性培训可以进一步拓展优秀运动员退役出口，实现优秀运动员的个人价值和社会价值最大化。

（四）处理好国家与地方的关系

在我国优秀运动员培养“三级训练体系”中，省级体育行政部门为“思想一盘棋，组织一条龙，训练一贯制”“举国体制”指导方针的落实发挥了非常重要的优秀运动员培育输送作用和保障作用，是我国“举国体制”人才培养模式的支柱力量。在我国以奥运会和全运会为指挥棒的竞技体育发展过程中，省级体育部门一直保持着以金牌为导向、以向国家队输送优秀运动员的工作着力点和传统运作模式。由于各省的地域特点和发展基础，市场化改革的程度也不尽相同，每一个地区的竞技体育发展都有其各自的优势和特点，既要坚持全国“一盘棋”，集中力量办大事，又要探索中央分权的新途径，让之前高度集中的人财物资源配置更灵活，盘活存量，充分调动体育系统内的资源存量，激发地方的积极性，引入全社会各方面的增量，扩大可利用资源总量，不断将改革推向深入。如可由国家在全国范围内对体育项目重点基地进行布点，让各省的优秀运动员培养能将更多的人、才、物集中到个别项目上，让各个省的布点更加扬长避短、目标精准、提高人才培养效率。

（五）深入推进单项运动项目协会实体化改革

“项目实体化”是针对我国原有单项协会仅在形式上、名义上存在的虚设情况而提出的一种形象化提法①。具体是指单项运动协会逐步具有以下这些条件的过程：成为某运动项目的管理主体；符合社团法人条件，责权利明确；能够依托社会，实现自我管理和可持续发展。项目实体化的过程就是将体育项目单项协会由政府包揽逐步推向社会化、市场化的过程，是处理好政府与市场的关系，政府转变职能，激活市场活力的重要“试验田”，也是我国体育供给侧改革的有力举措之一。供给侧结构性改革的核心内容便是从供给侧入手，针对结构性问题而进行的改革。从政府管理协会这一庞杂僵化的供给侧进行优化调整，在体育项目被推向市场的过程中，市场优胜劣汰的灵活机制得以发挥作用，符合社会和群众需求与喜爱的项目获得更肥沃的土壤蓬勃发展；而不符合市场发展规律的项目则逐步被淘汰，逐步达到项目结构优化、政府职能转变、权责边界明晰的效果，制约我国竞技体育发展的深层次矛盾迎刃而解。

（六）分步骤推进体育项目市场化进程

优秀运动员培养市场化的根本目标是以市场化的方式建立和培养一支适应社会主义市场经济条件、符合人的全面发展要求的优秀运动员队伍。这一根本目标指导和支配优秀运动员培养的整个过程。我们要加强对优秀运动员培养市场化重要性的认识，充分理解通过市场化方式培养优秀运动员对我国竞技体育可持续发展起到的关键作用。学习借鉴国外相应领域的成功经验和做法，明确我国优秀运动员培养市场化的近期、中期和远期目标。通过多方位的合作，逐渐消除优秀运动员培养市场化进程中的体制性障碍，减少以国家投入为主的行政体制中的垄断行为，使优秀运动员的培养和选拔由体制内进行向体制内外多方面结合转变。

在明确目标的基础上，优秀运动员培养市场化的合作可以通过以下途径开展工作：①政企合作。即政府体育部门与相关企业实体之间的合作，如政府通过政策调控，鼓励企业以建俱乐部等形式参与运动员培养。②政社合作。即政府体育部门与社会体育组织之间的合作，一方面政府体育部门要切实确立起社

① 刘青. 体育行政管理新论[M]. 北京：人民体育出版社，2006：204

会体育组织的实体地位，通过放权让利使社会体育组织能够真正发挥作用；另一方面政府通过购买服务、共建等形式加深与社会组织的合作。③政校合作。即政府体育部门与相关院校以共建、共同培养的形式，充分发挥高校对优秀运动员培养的人力、智力资源和硬件设施。④校校合作。高校间的合作、高校与运动技术学院等之间的合作，可以有效弥补自身资源不足的情况，形成一种资源共享、合作发展的良好局面。⑤校企合作。即高校与相关企业实体之间的合作，依托企业的经济实力，发挥高校的技术优势，将二者有机地结合起来。

此外，由于不同体育项目有各自的特点和市场基础，所以其运动员培养走向市场化路径的过程也是大相径庭的。

本章小结：坚持优秀运动员培养市场化路径是理论探索和实践证明的最优路径。既然是路径，便不可能一蹴而就，积跬步而至千里。历史的经验告诉我们，面对市场化带来的机遇与挑战，“先破后立”或者“只破不立”带来的改革风险和成本无法估计。冰冻三尺非一日之寒，我国竞技体育取得的卓越成绩非一日之功，走市场化道路的竞技体育不可能成为“一夜暴富”的大赢家，需要以开放积极的心态，逐步推进市场化改革进程。

第六章　我国体育项目市场化评价模型构建

【本章提要】 从微观角度对优秀运动员培养路径进行研究，需回归到不同的体育项目中去让研究更具体、更落地。每一个体育项目都有其自身的训练和竞赛特点与规律，不同项目的受众参与度、关注度、市场开发程度都大相径庭，在这巨大差异的基础上，不同项目运动员培养路径也有较大差异。面对众多的体育项目，如何分步骤、有计划地走向市场，需要对我国体育项目的市场化程度有较为全面的了解和研究，目前对体育项目市场化评价基于经验判断多，量化研究少。本章将在微观的角度，通过对市场经济、体育市场化等文献的收集整理，在综合相关体育评价指标体系理论框架的基础之上，分析体育项目市场化要素构成，构建起体育项目培养市场化评价模型，尝试对体育项目市场化进行量化的分析。

第一节　研究体育项目市场化评价模型的必要性

一、有利于对体育项目市场化程度进行量化分析

推进体育项目市场化是竞技体育改革的重要内容之一。按照《国务院关于加快发展体育产业促进体育消费的若干意见》（国发〔2014〕46 号）的顶层规划，在完成政府简政放权和培育多元市场主体之间，提到的一项重要改革举措便是“加快推进体育行业协会与行政机关脱钩，将适合由体育组织提供的公共服务和解决的事项，交由体育社会组织承担”，还提到“鼓励具备条件的运动项目走职业化道路，支持教练员、运动员职业化发展”。2014 年 12 月，时任国家体育总局局长刘鹏在全国体育局长会议中也明确提出，国家体育总局将以运动项目管理中心和单项体育协会改革试点为突破口，深化体育管理体制改革。但就目前全国体育行业协会商会脱钩情况来看，依然进程缓慢。

在笔者的调研中了解到，体育总局下属管理中心无数，部分中心希望能完全脱钩（如篮协）走向市场；部分管理中心保持观望态度；剩下还有一些管理中心，希望能够留在体制内，不愿意脱钩。不难看出，脱钩改革牵一发而动全身，绝非一纸文件便能解决。从市场的角度来看，由于各体育项目市场化程度

的差距很大，市场潜力大的项目能在市场中大施拳脚，实现价值的更大化；而一些缺乏市场价值的项目如果脱离了原有体制的支撑，则这些项目在市场中的生存发展堪忧。从我国体育事业的发展来看，需要推动大多数运动项目的持续发展，以保持我国竞技体育在国际上的领先优势。在这一现状下，政府提出了"鼓励具备条件的运动项目走职业化道路，支持教练员、运动员职业化发展"。然而哪些项目具备走职业化道路的条件而可以率先动起来？目前看来，篮球、足球作为呼声最高的两个项目，到目前为止并没有出现在脱钩改革的正式名单上。就笔者收集的文献资料看来，如何判断一个运动项目是否具备职业化道路，基于经验判断的为多，较少有做定量分析研究。建立运动项目市场化测度指标体系，可以较全面准确地了解竞技体育运动项目市场化现状，将其结果用于政策决策参考，有助于推动运动项目职业化进程步伐。

二、有助于进一步推动政府职能和市场权责利的明晰分离

推进运动项目市场化进程首要厘清政府职能和市场功能的界限。在这一过程中，需要行政部门克服管理惯性，明确政府行为范围，理顺服务职能；同时需要市场迅速成长起来，做好"接盘手"，将运动项目市场化落到实处。按照目前"渐进式"的改革理念，运动项目的市场化不是整齐划一、一蹴而就的，而是要遵循不同运动项目的特点和发展规律，根据各运动项目的特点、水平、市场发展前景和职业化程度进行区别对待。

构建体育项目市场化评价指标体系，可通过一些可量化的指标，对体育项目市场化程度的各项价值进行预估，以评估结果为标准对优秀运动员培养路径进行细分：市场化程度高的体育项目，优秀运动员培养可以交由市场进行资源配置，接受市场的考验；市场化程度低的体育项目则继续坚持以政府为主导的培养路径，继续保持住传统优势项目的竞争力和影响力。这样有助于对政府和市场职能的划分提供咨询与建议。

第二节　体育项目市场化评价模型的构建

一、体育项目市场化评价模型概述

体育项目市场化评价指标模型通过选取一定的指标构建评价体系和确定权重，并对我国竞技体育项目发展现状、市场化程度进行测算，将项目市场化程度由经验判断转化为量化评价。首先，体育产生经济效益是指在一定量的体育

投资和劳动消耗条件下所获得的体育成果[1]。由于体育是一个宏观的概念，研究体育成果的经济效益需要对体育进行“分解”分析；其次，由于我国目前竞技体育发展双轨并行，既有政府主导的“举国体制”，同时在推进市场化改革，不同体育项目之间发展的差距决定了竞技体育市场化不可能一蹴而就、全面实现，不同项目的市场化进程是参差不齐的。因此，着眼不同项目的市场化程度区分研究，将优秀运动员的培养放入体育项目的微观视角，有利于分类指导、更实事求是地推进优秀运动员培养市场化改革进程。

二、指标选取基本原则

（一）目的性原则

选取指标从研究问题的目的出发，研究重点在优秀运动员培养路径市场化，研究领域主要着眼奥运会项目。前文已述，这类在“举国体制”下发展的竞技体育项目形成了一个体系庞大的综合体，其运转需要政府、社会、市场、个人的多方协同，一方面它们要具备为国争光、体育精神展示、引领健康风尚、构建公共服务体系等多方位的公共属性和社会功能；另一方面，市场化道路中的竞技体育需要创造经济价值，产生投资回报，需要不断促进这些项目的造血功能，积极发掘其市场功能。因此，在对其进行市场化评价时，不能简单以经济效益为主要评价指标，而是要考虑其政治效益、社会效益等多方面的指标。在设计指标的时候做到有所侧重，同时互为支撑，使评价体系形成有机的整体。

（二）科学性原则

指标的选取应尽量遵循我国现行体育体制管理模式和项目发展、运动员培养的一般规律和特点，数据选用宁缺毋滥，有些指标理论可行，但不易获得数据的不予选择，着眼数据收集的可行性和数据的准确性。

（三）定性与定量指标相结合原则

我国竞技体育是一个体系庞大的综合体，其价值评价很难找到一个量化的市场价格，其指标的设定需要在国家利益、社会利益、个人利益等多方制衡中去筛选提取，准确数据的收集非常困难，且仅仅根据所得数据也不足以较全面地反映实际情况，因此，在进行指标设定的时候将定性指标与定量指标进行整

---

① 霍照，等. 体育投资经济效益——指标体系初探[J]. 山西财经学院学报，1993（4）：62-64

合，以期能够较为全面地反映实际情况。

三、指标选取流程

（一）评估指标的选择

如何对评价指标进行分类和选择，完全市场经济条件下的体育项目可以作为商品获得利润，但是，在社会主义市场经济条件下，我国体育项目的发展还必须服务于我国竞技体育发展战略、促进优秀运动员个人全面发展、取得正向国际效应、社会效应等多重功能，所以评价体育项目市场化程度不能简单以投入和回报来计算。基于这一指导思想，笔者参考了影子价格理论的相关原理，在“投入—产出”的关系中，加入了“可持续发展”的约束条件。

在查阅资料、专家访问和经验借鉴的基础上，通过知识图谱聚类分析的结果，将优秀运动员培养市场化领域的指标分为三个研究群：体育强国与指标体系、“举国体制”与改革发展、后备人才与奥运金牌，这三个研究群对应了运动项目市场化发展程度的三个层面：政府职能转换宏观层面、市场发育形成中观层面和运动员培养微观层面，在此基础上，形成了本书体育项目市场化评价指标雏形。一级指标 3 个，二级指标 7 项，三级指标 24 项（见表 6-1 所列）。

表 6-1　指标体系初选结果一览

一级指标	二级指标	三级指标
B_1 政府职能转变指标（宏观）	C_1 项层设计	B_1 国家对竞技体育财政拨款数
		B_2 政府出台政策文件总数
		B_3 体彩基金支持竞技体育投入金额/体彩基金投入体育总金额比
	C_2 职能转变	B_4 针对某一项目出台政策/政府出台体育有关政策总数比
		B_5 已脱钩国家级体育单项协会数/国家级体育单项协会总数
B_2 市场发育形成指标（中观）	C_3 项目市场发育程度	B_6 省级区域人均 GDP 值/国家人均 GDP 值
		B_7 区域体育产业总产值值/地区 GDP 值
		B_8 省级区域每十万人体育场馆数

（续表）

一级指标	二级指标	三级指标
B_2市场发育形成指标（中观）	C_3项目市场发育程度	B_9地方所有国家高水平体育后备人才基地数/全国高水平体育后备人才基地数
		B_{10}体育单项年度赛事数/全年全国赛事总数
		B_{11}是否成立省级单项协会组织
		B_{12}是否建立明晰产权制度
		B_{13}运动队广告代言数量
	C_4项目竞技水平	B_{14}项目获得奥运会奖牌数/奥运奖牌总数
		B_{15}省级代表队获得全国比赛金牌数/项目全国比赛金牌总数比
		B_{16}项目注册运动员数量/国家注册运动员总数比
	C_5项目社会关注度	B_{17}竞赛门票收入
		B_{18}电视转播权收入
		B_{19}体育竞赛表演业营业收入/体育产业总产出
		B_{20}项目官方号在社交媒体粉丝数量
B_3运动员培养发展指标（微观）	C_6运动员竞技水平	B_{21}运动员获全国比赛名次数
		B_{22}运动员参与国际职业赛事人数/运动队运动员总数
	C_7运动员可持续发展能力	B_{23}运动员获大专以上学历人数/运动队运动员总数
		B_{24}运动员广告代言数

（二）专家访谈

经过与专家的访谈得出经验筛选的各项指标。访谈的对象是有关领域的专家学者、体育行政部门的行政人员。共发出访谈问卷 18 份，回收 18 份，有效率 100%。

在问卷中的问题采用李克特量表计量法，指标评分分为五个等级：5 表示“非常重要”，4 表示“重要”，3 表示“一般重要”，2 表示“不重要”，1 表示“非常不重要”。

具体方法：假设对 n 位专家进行访谈与问卷调查，假设 X_{ij}表示第 i 位专家对第 j 个指标的打分。根据专家的问卷调查结果和访谈进行统计：

①重要程度，用算数平均数 M_j表示：

$$M_j = \frac{1}{n}\sum_{i=1}^{n} X_{ij}$$

即专家对第 j 个指标的意见集中程度，反映指标的重要程度。

②离散程度：用标准差 S_j 表示：

$$S_j=\sqrt{\frac{1}{n-1}\sum_{i=1}^{n}(X_{ij}-M_j)^2}$$

③相对离散程度，用变异系数 V_j 表示：

$$V_J=S_J/M_J$$

即专家对第 j 个指标评价的协调程度，V_j 越小，说明专家的意见越协调。

（三）指标体系初筛

1．第一轮专家筛选结果与分析

通过第一轮调查结果对指标进行修改调整。在一、二、三级指标中，重要程度 $M_j<3.0$、$M_j<3.0$ 和 $M_j<3.5$ 的指标显示其重要性较差，通过计算这些指标的变异系数，进一步证实了专家对于他们的意见协调程度较低。据此，对指标评价模型进行了第一轮修正。

表 6-2　第一轮专家问卷一级指标重要程度、离散程度、变异系数

一级指标	重要程度 M_j	离散度 S_j	变异系数 V_j
C_1 政府职能转变指标	4.4118	0.6427	0.1457
C_2 市场发育形成指标	4.2113	0.7121	0.1691
C_3 运动员培养发展指标	3.1231	1.3113	0.4199

一级指标中，专家认为衡量体育项目的市场化程度，“政府职能转变”和“市场发育形成”的重要程度较高，而“运动员培养发展”$M_j<4.0$，相对而言重要性较低（见表 6-2 所列）。本研究的重点是运动员培养路径的市场化研究，这一指标的评价偏低引发了笔者的再次思考，通过与专家的深入交流访谈，有专家认为虽然一级指标是体育项目市场化改革的核心内容，但在指标体系的建设中显得标区分度不够，在理解上容易产生歧义，建议在“投入—产出—结果”模型上将所有指标体系重新调整。根据专家的意见，将一级指标调整为“投入”“产出”“可持续发展”。

表 6-3　第一轮专家问卷二级指标重要程度、离散程度、变异系数

二级指标	重要程度 M_j	离散度 S_j	变异系数 V_j
P_1 顶层设计	4.4211	0.6512	0.1473
P_2 职能转变	4.3212	0.6197	0.1434

（续表）

二级指标	重要程度 M_j	离散度 S_j	变异系数 V_j
P_3项目市场发育程度	4.1102	0.5412	0.1317
P_4项目竞技水平	3.9122	1.1023	0.2818
P_5项目社会关注度	4.2115	0.5316	0.1262
P_6运动员竞技水平	3.8131	0.8541	0.2240
P_7运动员可持续发展能力	4.0314	0.5912	0.1466

对于二级指标，专家打分见表 6-3 所列。总体来讲，专家对“顶层设计”“职能转变”“项目社会关注度”认同度较高。但有专家提出，一级指标和二级指标区分度不高，且在一二级指标间是否有密切的逻辑关系提出了疑问，如“市场发育形成指标”中是否应包含“项目竞技水平”。

表 6-4　第一轮专家问卷三级指标重要程度、离散程度、变异系数

三级指标	重要程度 M_j	离散度 S_j	变异系数 V_j
K_1 国家对竞技体育财政拨款数	4.1221	0.9811	0.2380
K_2 政府出台政策文件总数	4.0183	0.8974	0.2233
K_3 体彩基金支持竞技体育投入金额/体彩基金投入体育总金额比	3.8125	1.1023	0.2891
K_4 针对某一项目出台政策/政府出台体育有关政策总数比	4.0512	0.8599	0.2123
K_5 已脱钩国家级体育单项协会数/国家级体育单项协会总数	2.3341	1.3541	0.5801
K_6 省级区域人均 GDP 值 / 国家人均 GDP 值	3.8512	1.0332	0.2683
K_7 区域体育产业总产值 / 地区 GDP 值	3.6255	1.4578	0.4021
K_8 省级区域每十万人体育场馆数	3.0021	1.2568	0.4186
K_9 地方所有国家高水平体育后备人才基地数/全国高水平体育后备人才基地数	3.7955	1.0006	0.2636
K_{10} 体育单项年度赛事数/全年全国赛事总数	3.9823	1.5412	0.3870
K_{11} 是否成立省级单项协会组织	3.2015	1.6874	0.5271
K_{12} 是否建立明晰产权制度	2.0211	1.9875	0.9834
K_{13} 运动队赞助代言数量	3.5621	1.1104	0.3117

（续表）

三级指标	重要程度 M_j	离散度 S_j	变异系数 V_j
K_{14} 项目获得奥运会奖牌数/奥运奖牌总数	3.7511	1.2115	0.3230
K_{15} 省级代表队获得全国比赛金牌数/项目全国比赛金牌总数比	3.8154	1.3201	0.3460
K_{16} 项目注册运动员数量/国家注册运动员总数比	3.7566	1.2102	0.3222
K_{17} 竞赛门票收入	3.8112	1.3115	0.3441
K_{18} 电视转播权收入	3.4213	1.2541	0.3666
K_{19} 体育竞赛表演业营业收入/体育产业总产出	3.6522	1.3652	0.3738
K_{20} 项目官方号在社交媒体粉丝数量	3.0152	1.8125	0.6011
K_{21} 运动员获全国比赛名次数	3.3542	1.5412	0.4595
K_{22} 运动员参与国际职业赛事人数/运动队运动员总数	3.4211	1.2314	0.3599
K_{23} 运动员获大专以上学历人数/运动队运动员总数	3.5123	1.2106	0.3447
K_{24} 运动员广告代言数	3.6123	1.4281	0.3953

专家对三级指标的分值见表 6-4 所列，对于三级指标中变异系数 $V_j>0.3$ 的，说明各位专家在这些指标的意见上有较大程度的不一致。

通过专家问卷和访谈的结果，对这些重要程度较低的指标进行了再次分析。“已脱钩国家级体育单项协会数/国家级体育单项协会总数”这个选项意义不大，根据国家发改委、民政部、中央组织部等在内的 10 部门在 2020 年 6 月 14 日发布的《关于全面推开行业协会商会与行政机关脱钩改革的实施意见》（下称“《实施意见》”）最新要求，虽然这距离《中共中央办公厅国务院办公厅关于印发〈行业协会商会与行政机关脱钩总体方案〉的通知》（中办发〔2015〕39 号）文件已经过去了 5 年，但本次的意见体现出中央的决心和动作，要求所有体育协会必须在 2020 年 12 月前完成脱钩，目前四川省也已经行动起来，预计在 2020 年 6 月前完成脱钩，作为政府“一刀切”行为，数值参考意义不大，指标“是否成立省级单项协会组织”也存在同样的问题。“是否建立明晰产权制度”在《实施意见》中也明确提到。本次改革的具体任务主要是落实“五分离、五规范”的改革要求，总体要求按照去行政化的原则，做到机构分离、职能分离、资产财务分离、人员管理分离、党建外事“五分离”，所以这条指标的意义不大。“电视转播权收入”一条，互联网的高速发展使新媒体成为重要的传播工具，而传统的电视转播更多已经被网络直播所代替，故此指标可以加以修改。有专家提出要加上一个社会对项目关注程度的指标，该指标能较好地反映出项目市场化的良好市场基础。此外，专家还提出有些选项的语言表述不够精练，指标应该更直接明确，而不能让人费解。经过汇总问卷数据和专家意见，对指标模型进行了再一次修订（见表 6-5 所列）。

表 6-5　第一轮专家问卷修正指标体系

一级指标	二级指标	三级指标
C_1 投入	P_1 资金投入	K_1 国家对竞技体育财政拨款数
		K_2 国家体彩基金支持竞技体育投入金额
	P_2 政策支持	K_3 政府出台有关助推体育改革政策文件数
		K_4 针对某一项目出台政策
	P_3 训练保障	K_5 省级区域每十万人体育场馆数
		K_6 地方所有国家高水平体育后备人才基地数
		K_7 科研经费投入
	P_4 经济基础	K_8 省级区域人均 GDP 值
		K_9 区域体育产业总产值
C_2 产出	P_5 市场发育度	K_{10} 政府委托社会团体、事业单位、企业或个人培养优秀运动员数量
		K_{11} 运动队（运动员）获得商业冠名、赞助费
		K_{12} 竞赛门票、电视转播收入
		K_{13} 国内单项体育赛事数量
	P_6 项目竞技水平	K_{14} 项目代表队获得奥运会奖牌数
		K_{15} 项目代表队获得全国比赛 1～8 名人次
		K_{16} 项目官方号在社交媒体粉丝数量
		K_{17} 运动员获大专以上学历人数
C_3 可持续发展	P_7 运动员退役保障	K_{18} 省级优秀运动队退役就业率（第一次就业）
		K_{19} 项目注册运动员数量
	P_8 项目发展潜力	K_{20} 受访者最关注的体育项目

2. 第二轮专家筛选结果与分析

修正后的问卷再一次提交专家征求意见，问卷主要内容同样采用了李克特量表，专家根据对指标的认同程度进行 1～5 分的赋值。问卷发放对象包括体育产业、竞技体育领域专家学者、体育行政部门人员和相关体育媒体工作者等，共发放问卷 18 份，回收 18 份，有效率 100%。

调整后的问卷根据打分结果来看，三项一级指标重要程度 $M_j>4.0$（见表 6-6 所列），总体来讲得到专家的一致认可。

表 6-6 第二轮专家问卷一级指标重要程度、离散程度、变异系数

一级指标	重要程度 M_j	离散度 S_j	变异系数 V_j
C_1 投入	4.5521	0.7421	0.1630
C_2 产出	4.1059	0.8131	0.1980
C_3 可持续发展	4.4623	0.7418	0.1662

表 6-7 第二轮专家问卷二级指标重要程度、离散程度、变异系数

二级指标	重要程度 M_j	离散度 S_j	变异系数 V_j
P_1 资金投入	4.4211	0.6620	0.1497
P_2 政策支持	4.2158	0.6188	0.1468
P_3 训练保障	3.9212	0.7318	0.1866
P_4 经济基础	4.3512	0.5823	0.1338
P_5 市场发育度	4.0915	0.8706	0.2128
P_6 项目竞技水平	3.7121	1.1341	0.3055
P_7 运动员退役保障	4.0314	0.7912	0.1963
P_8 项目发展潜力	4.2988	0.6821	0.1587

通过表 6-7 可以看出，本轮专家打分统计结果显示 8 个二级指标的 $M_j>3.5$，只有“训练保障”“项目竞技水平”两个指标的 $M_j<4.0$。由于我国竞技体育项目的市场化程度衡量并不仅仅考虑其经济价值，竞技体育还要考虑其社会效益，故竞技成绩依然有非常重要的作用，对于我国竞技体育优势项目而言，要在确保项目优势的同时走向市场化，通过与专家的沟通，这两个指标予以保留。还有专家提出二级指标“产出”不够明确，是社会效益还是经济回报？应该更加予以明确。

表 6-8　第二轮专家问卷三级指标重要程度、离散程度、变异系数

三级指标	重要程度 M_j	离散度 S_j	变异系数 V_j
K_1 国家对竞技体育财政拨款数	4.4125	0.7811	0.1770
K_2 国家体彩基金支持竞技体育投入金额	4.0336	0.7964	0.1974
K_3 政府出台有关助推体育改革政策文件数	3.9615	0.7811	0.1972
K_4 针对某一项目出台政策	4.0371	0.8951	0.2217
K_5 省级区域每十万人体育场馆数	3.3341	1.3618	0.4084
K_6 地方所有国家高水平体育后备人才基地数	4.3712	1.0132	0.2318
K_7 科研经费投入	3.6155	1.1751	0.3250
K_8 省级区域人均 GDP 值	3.6101	1.4102	0.3250
K_9 区域体育产业总产值	3.7142	1.3206	0.3556
K_{10} 政府委托社会团体、事业单位、企业或个人培养优秀运动员数量	4.2825	1.1202	0.2616
K_{11} 运动队（运动员）获得商业冠名、赞助费	3.6017	0.9164	0.2544
K_{12} 竞赛门票、电视转播收入	3.7811	1.2125	0.3207
K_{13} 国内单项体育赛事数量	3.5874	1.2004	0.3346
K_{14} 项目代表队获得奥运会奖牌数	3.6561	1.3215	0.3615
K_{15} 项目代表队获得全国比赛 1-8 名人次	3.8154	1.3208	0.3462
K_{16} 项目官方号在社交媒体粉丝数量	3.1215	1.5433	0.4944
K_{17} 运动员获大专以上学历人数	3.6577	1.3003	0.3555
K_{18} 省级优秀运动队退役就业率（第一次就业）	3.6874	1.2415	0.3367
K_{19} 项目注册运动员数量	3.6221	1.6625	0.4590
K_{20} 受访者最关注的体育项目	4.0652	0.9025	0.2220

由表 6-8 可以看到，经过两轮问卷调整过后的指标体系，有 2 个指标的重要程度较低 $M_j<3.5$，故进行了删除。有专家提出加入关于政府购买社会服务的相关指标，建议加入“政府委托社会团体、事业单位、企业或个人培养优秀运动员数量”三级指标；有专家提出“国内重大比赛”需要明确“全运会、青运会和锦标赛”。

此外，三级指标中有个别指标数据不易获取建议删除或调换、有个别指标表述不准确需要修改，经过二次调整后的体育项目市场化评价体系见表 6-9 所列。

表 6-9　第二轮调整后确立的指标体系

<table>
<tr><th>一级指标</th><th>二级指标</th><th>三级指标</th></tr>
<tr><td rowspan="6">C_1 政策资金投入</td><td rowspan="2">P_1 资金投入</td><td>K_1 国家对竞技体育财政拨款数</td></tr>
<tr><td>K_2 国家体彩基金支持竞技体育投入金额</td></tr>
<tr><td rowspan="2">P_2 政策支持</td><td>K_3 政府出台有关助推体育改革政策文件数</td></tr>
<tr><td>K_4 针对某一单项出台改革政策</td></tr>
<tr><td rowspan="2">P_3 训练保障</td><td>K_5 科研投入经费数</td></tr>
<tr><td>K_6 地方所有国家高水平体育后备人才基地数</td></tr>
<tr><td rowspan="8">C_2 经济效益与社会效益产出</td><td rowspan="6">P_4 市场发育度</td><td>K_7 省级地区人均 GDP 值</td></tr>
<tr><td>K_8 政府委托社会团体、事业单位、企业或个人培养优秀运动员数量</td></tr>
<tr><td>K_9 运动队（运动员）获得商业冠名、赞助费</td></tr>
<tr><td>K_{10} 网络、电视直播频率</td></tr>
<tr><td>K_{11} 举行国内单项体育赛事数量</td></tr>
<tr><td>K_{12} 单项职业联盟和俱乐部数量</td></tr>
<tr><td rowspan="2">P_5 项目竞技水平</td><td>K_{13} 项目代表队获得世界、亚洲比赛奖牌数</td></tr>
<tr><td>K_{14} 项目代表队获得全国比赛 1～8 名人次</td></tr>
<tr><td rowspan="4">C_3 可持续发展</td><td rowspan="2">P_6 运动员退役保障</td><td>K_{15} 运动员获大专以上学历人数</td></tr>
<tr><td>K_{16} 省级优秀运动队退役就业率（第一次就业）</td></tr>
<tr><td rowspan="2">P_7 项目发展潜力</td><td>K_{17} 项目注册运动员数量</td></tr>
<tr><td>K_{18} 项目社会关注度</td></tr>
</table>

第三节　指标体系权重确定

根据本书研究目的和研究对象的具体情况，在专家咨询确定指标基本比重的基础上，采用层次分析法来确定各项指标的权重。建立层次结构模型，最高层为目标层 M，由高向低依次为一级指标层、二级指标层、三级指标层。其中，一级指标分别用 C_1（投入）、C_2（产出）、C_3（可持续发展）表示，二级指标分别用 P_1（资金投入）、P_2（政策支持）、P_3（训练保障）、P_4（市场发育度）、P_5（项目竞技水平）、P_6（运动员退役保障）、P_7（项目发展潜力）表示，三级指标分别用 K_1、K_2、K_3、K_4、K_5、K_6、K_7、K_8、K_9、K_{10}、K_{11}、K_{12}、K_{13}、K_{14}、K_{15}、K_{16}、K_{17}、K_{18} 表示（如图 6-1 所示）。

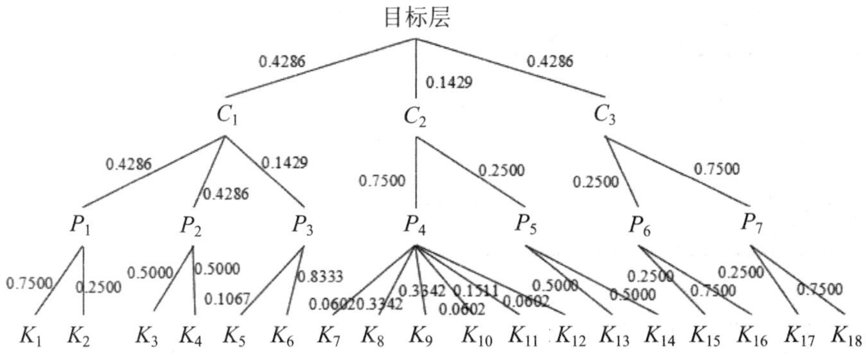

图 6-1　层次分析图

一、模型求解

（1）经专家组评分，构造出判断矩阵 ***M-C***：将一级指标层 C 中二个指标 C_1、C_2、C_3 进行两两比较，得到成对比较矩阵（见表 6-10 所列）。

表 6-10　比较矩阵

M	C_1	C_2	C_3
C_1	1.0000	3.0000	1.0000
C_2	0.3333	1.0000	0.3333
C_3	1.0000	3.0000	1.0000

求解 M-C 的特征值，解得 $\lambda_{\max}=3.0000$，且权重向量 $\boldsymbol{\omega}_i=(0.4286，0.1429，0.4286)^{\mathrm{T}}$。为避免误差，进行随机统一性检测，根据 $CR=\dfrac{CI}{RI}$ 计算一致性比例。其中，“CI”代表判断矩阵的一致性指数，$CI=\dfrac{\lambda_{\max}-n}{n-1}$；平均随机一致性指标 RI 值通过表格查询可得（见表 6-11 所列），计算得到 $CR=0<0.1$，通过一致性检验。

表 6-11　一致性检验 *RI* 值

n	2	3	4	5	6	7	8	9	10	11
RI	0	0.58	0.90	1.12	1.24	1.32	1.41	1.45	1.49	1.51

（2）构造判断矩阵 $\boldsymbol{C_1}$-$\boldsymbol{P}$、$\boldsymbol{C_2}$-$\boldsymbol{P}$、$\boldsymbol{C_3}$-$\boldsymbol{P}$，以及 $\boldsymbol{P}$-$\boldsymbol{K_i}$(i=1，2，3，…，18)，以下为 ***C-P*** 判断矩阵（见表 6-12～表 6-14 所列）。

表 6-12 C_1-P 判断矩阵

C_1	P_1	P_2	P_3
P_1	1.0000	1.0000	3.0000
P_2	1.0000	1.0000	3.0000
P_3	0.3333	0.3333	1.0000

表 6-13 C_2-P 判断矩阵

C_2	P_4	P_5
P_4	1.0000	3.0000
P_5	0.3333	1.0000

表 6-14 C_3-P 判断矩阵

P_3	P_6	P_7
P_6	1.0000	0.3333
P_7	3.0000	1.0000

二、分层排序与总排序一致性检验

由上述判断矩阵计算出的权重向量，最大特征值 λ_{max} 和一致性指标 CR 列入表中。

表 6-15 C-P 判断矩阵权重计算结果

C \ P	C_1		C_2		C_3
P_1	0.4286	P_4	0.7500	P_6	0.2500
P_2	0.4286	P_5	0.2500	P_7	0.7500
P_3	0.1429	λ_{max}	2.0000	λ_{max}	2.0000
λ_{max}	3.0000	CR	0.0000	CR	0.0000
CR	0.0000				

表 6-16 ***P-K*** 判断矩阵权重计算结果

K \ P	P_1		P_2		P_3		P_4		P_5		P_6		P_7
K_1	0.7500	$K3$	0.5000	K_5	0.1067	K_7	0.0602	K_{13}	0.5000	K_{15}	0.2500	K_{17}	0.2500
K_2	0.2500	$K4$	0.5000	K_6	0.8333	K_8	0.3342	K_{14}	0.5000	K_{16}	0.7500	K_{18}	0.7500
λ_{max}	2.0000	λ_{max}	2.0000	λ_{max}	2.0000	K_9	0.3342	λ_{max}	2.0000	λ_{max}	2.0000	λ_{max}	2.0000
CR	0.0000	CR	0.0000	CR	0.0000	K_{10}	0.0602	CR	0.0000	CR	0.0000	CR	0.0000
						K_{11}	0.1511						
						K_{12}	0.0602						
						λ_{max}	6.0575						
						CR	0.0091						

从表 6-15、表 16 中 CR 值可看出，判断矩阵 ***C-P*** 及 ***P-K*** 都通过了一致性检验。

三、模型结论与分析

根据以上计算结果，最终计算出 K 层每个指标所占总权重，并汇总成见表 6-17 所列。

表 6-17 指 标 权 重

一级指标	权重	二级指标	权重	三级指标	权重	总权重
C_1 投入	0.4286	P_1 资金投入	0.4286	K_1	0.7500	0.1383
				K_2	0.2500	0.0461
		P_2 政策支持	0.4286	K_3	0.5000	0.0922
				K_4	0.5000	0.0922
		P_3 训练保障	0.1429	K_5	0.1067	0.0066
				K_6	0.8333	0.0512
C_2 产出	0.1429	P_4 市场发育度	0.7500	K_7	0.0602	0.0065
				K_8	0.3342	0.0359
				K_9	0.3342	0.0359

（续表）

一级指标	权重	二级指标	权重	三级指标	权重	总权重
				K_{10}	0.0602	0.0065
				K_{11}	0.1511	0.0163
				K_{12}	0.0602	0.0065
		P_5项目竞技水平	0.2500	K_{13}	0.5000	0.0179
				K_{14}	0.5000	0.0179
C_3可持续发展	0.4286	P_6运动员退役保障	0.2500	K_{15}	0.2500	0.0269
				K_{16}	0.7500	0.0806
		P_7项目发展潜力	0.7500	K_{17}	0.2500	0.0806
				K_{18}	0.7500	0.2419

将总权重由大到小排序，总权重＞0.04 的指标共有八个：社会关注度较高的体育项目（K_{18}）；国家对竞技体育财政拨款数（K_1）；政府出台有关助推体育改革政策文件数（K_3）、针对某一单项出台改革政策（K_4）；省级优秀运动队退役就业率（K_{16}）、项目注册运动员数量（K_{17}）；地方所有国家高水平体育后备人才基地数（K_6）；国家体彩基金支持竞技体育投入金额（K_2）。

该结论从一定程度上反映了目前影响我国体育项目市场化进程的主导因素：排名靠前的八个指标中有四个和政府拨款、政府政策导向直接相关（K_1、K_2、K_3、K_4）；两项与体育项目经济水平和社会化发展程度相关（K_6、K_{17}）；一项与运动员可持续发展相关（K_{16}）；一项与群众对体育项目的关注度、参与度相关（K_{18}）。

由此可见，第一，当前，我国竞技体育市场化程度不高、亟待转型的发展阶段，政府的作用非常的关键，政府厘清职责、主动作为，通过积极的政策导向和财政支持推动市场化进程成为关键因素；第二，体育项目本身的社会化发展水平对其市场化进程也有重要的作用，高水平体育后备人才基地将逐步成为体育行政部门转型向社会购买服务的主要路径；第三，优秀运动员的可持续发展，退役后再就业情况将直接影响体育项目的健康持续发展；第四，民众的关注度、参与度体现了体育项目潜在的市场价值和经济增长点。

本章小结：本章运用特尔菲法和层次分析法，确立了体育项目市场化评价指标体系和评价指标权重。研究认为，评价体育项目市场化程度权重较大的指标是：社会关注度较高的体育项目；国家对竞技体育财政拨款数；政府出台有关助推体育改革政策文件数、省级优秀运动队退役就业率、项目注册运动员数量和地方所有国家高水平体育后备人才基地数。总体而言，这样的研究结果与预期基本相符。

第七章 体育项目市场化评价模型实证分析

【本章提要】 本章以四川省优秀运动员培养路径为研究对象，分析四川省竞技市场化发展状况，并就体育项目市场化评价模型，选取部分有代表性的体育项目对体育项目市场化评价模型进行验证。

第一节 四川省优秀运动员培养现状

一、四川省竞技体育成绩回顾

四川地处我国西部，在我国体育事业的发展过程中，四川体育人坚守拼搏、艰苦奋斗，为国家培养了许多优秀运动员，为“奥运争光计划”做出了有益的贡献。在排球、乒乓球、跳水、射击飞碟、柔道、田径、体操、艺术体操等项目都向国家输送了一批批优秀的运动员。从 1984 年洛杉矶奥运会至 2016 年里约奥运会，四川共派出 147 名运动员代表中国参加比赛，共获得奥运会金牌 16 枚（见表 7-1 所列）；在历届全运会中也获得了较好的成绩（见表 7-2 所列）。四川的职业足球发展也曾在全国闻名，创下了“金牌球市”的好口碑。1996 年，中国男子排球联赛启动，四川男排在周建安、张翔、张利明、朱刚等国家队主力的带领下取得了联赛“三连冠”。四川竞技体育充分体现出四川人民在相对落后的经济社会条件中，克服困难、奋发图强、攻坚克难的勇气和力量，可以说，四川体育精神是四川精神的集中体现。

表 7-1 历届奥运会四川获得奖牌表

序号	届数	项目	运动员姓名	获得名次
1	23 届	排球女子	朱 玲 张荣芳 梁 艳	1
2	24 届	女子跳板跳水	高 敏	1
3	24 届	乒乓球男子双打	陈龙灿	1
4	24 届	举重 56 公斤级	刘寿斌	3
5	25 届	女子跳板跳水	高 敏	1
6	25 届	射击女子双向飞碟	张 山	1

（续表）

序号	届数	项目	运动员姓名	获得名次
7	25 届	举重男子 56 公斤级	刘寿斌	2
8	25 届	体操男子团体	李　舸	2
9	27 届	柔道女子 78 公斤级	唐　琳	1
10	28 届	排球女子	陈　静	1
11	28 届	帆板女子	殷　剑	1
12	29 届	体操男子团体	邹　凯	1
13	29 届	体操男子自由操	邹　凯	1
14	29 届	体操男子单杠	邹　凯	1
15	29 届	帆板女子	殷　剑	1
16	29 届	女子曲棍球	张益萌　陈朝霞	2
17	29 届	艺术体操集体	吕远洋	2
18	29 届	网球女子双打	郑　洁　晏　紫	3
19	29 届	花样游泳集体	蒋文文　蒋婷婷　王　娜	3
20	30 届	体操男子团体	邹　凯　冯　喆	1
21	30 届	体操男子自由操	邹　凯	1
22	30 届	体操男子双杠	冯　喆	1
23	30 届	跳水男子十米台	邱　波	2
24	30 届	拳击女子 51 公斤级	任灿灿（交流）	2
25	30 届	花样游泳团体	蒋文文　蒋婷婷	2
26	30 届	体操男子单杠	邹　凯	2
27	30 届	射击女子 10 米气步枪	喻　丹	3
28	31 届	跳水女子 10 米跳台	任　茜	1
28	31 届	花样游泳团体	曾　珍	2
29	31 届	拳击女子 48～51 公斤级	任灿灿（交流）	3

表 7-2　历届全运会四川获得奖牌及排名表

届　数	年　份	金　牌	银　牌	铜　牌	全国排名
1959 年	第 1 届	10	11	16	9
1961 年	第 2 届	9	11	13	9
1975 年	第 3 届	4	5	2	22

（续表）

届 数	年 份	金 牌	银 牌	铜 牌	全国排名
1979 年	第 4 届	7	10	9	19
1983 年	第 5 届	10	4	8	11
1987 年	第 6 届	17	19	14	6
1993 年	第 7 届	15	14	22	8
1997 年	第 8 届	12.5	20.5	18	12
2001 年	第 9 届	9	16	21.5	13
2005 年	第 10 届	12	17	19	15
2009 年	第 11 届	13.5	21	26	12
2013 年	第 12 届	13	26	27	13
2017 年	第 13 届	17	19	25	11

二、四川省优秀运动员培养指导思想

多年来，我省竞技体育发展始终紧紧围绕国家“思想一盘棋，组织一条龙，训练一贯制”的总方针，以全运会和奥运会作为指挥棒开展各项竞赛工作。在运动员培养上，根据四川人人种特性，四川省优秀运动员培养聚焦于“短（短距离）、小（小级别）、轻（轻量级）、灵（灵活性）”的体育项目，便随着我省竞技体育发展战略布局的转变，逐步走出了一条运动员培养从“大而全”向精英化方向发展的道路（见表 7-3 所列）。

表 7-3　四川省竞技体育发展战略布局演变

历史阶段	主要发展战略
第七届全运会前	总分战略
第八～十届全运会	总分基础上的金牌战略
第十一～十三届全运会	金奖牌战略
备战十四运会	金牌战略

针对以上战略转型，四川省还就体育项目多而全、整体水平不够高的现实情况，对不同体育项目制定了分类培养优秀运动员的策略，主要内容包括以下方面。

（1）依靠国家，保重点项目，走学校化道路。重点项目是市场化程度不高，但能够在奥运会、全运会拿名次，甚至争金夺银的项目，如射击、举重等。

（2）依托社会，办热点项目，走职业化道路。这类项目主要包括社会关注度、喜爱程度高的项目，包括三大球（篮球、排球、足球）和三小球（乒乓球、羽毛球、网球）等。

（3）依据市场，办难点项目，走商业化道路。这类项目主要包括一些受众面小、社会化程度不高，但具有较高观赏性，同时在国际赛场中有较大影响力的项目，包括飞机跳伞、马术等。

虽然这一分类指导的优秀运动员培养策略是在十几年前制定的，但在今天看来依然有非常重要的指导意义和实践价值。但也非常遗憾地看到，四川竞技体育和优秀运动员培养市场化的进程比较缓慢，时至今日能真正推向市场的项目还比较少。

三、四川省优秀运动员培养市场化面临的主要问题

（一）运动员培养体制改革较滞后

从运动员训练体制来看，目前依然是传统的优秀运动员“三级培养体系”，该体系高度依赖各市（州）专业训练队和业余体校进行人才输送。由于四川整体经济水平偏低，在竞技体育成本不断升高的情况下，专业训练运动队运行经费短缺，以致维系难度大、队伍不稳定问题较为严重，而业余训练学校招生难度大、经费投入不足、训练条件欠佳等问题也无法解决。在这样的情况下，人才输送率偏低，针对少数运动员大量投入、关门办专业队成为常态。此外，由于后备人才的供应有限，我省的优势项目缺乏连续性，四川省在部分优势项目的运动员退役、年轻运动员还不成熟的情况下，出现了青黄不接，甚至有的优势项目如女子跳远、女子短跑、男子摔跤等，因为个别优秀运动员退役后便面临断档的境地。

（二）项目布点多，但优势项目偏少

从我省目前开设的运动项目来看，为对标全运会，几乎全运会所设的项目都覆盖了。以十二届全运会为例，全会共设 35 个大项 366 个小项，四川代表团有 700 余名队员参加 34 个大项 240 个小项的比赛，获得 13 枚金牌、奖牌 66 枚的成绩。可见虽然项目覆盖面较广，但优势项目偏少，有些项目在历届全运会上从未获得过奖牌。此外，成绩多在点上突破，没有形成项目群优势，先后在田径、举重、摔跤、柔道、跳水、射击、网球、赛艇、皮划艇等项目具有较

强的竞争力，但夺金项目基本是单兵作战，获得优异成绩也大多在点上突破，没有形成高水平项目群优势。

（三）竞技体育市场发育度较低

在调研的过程中了解到，四川省竞技体育市场开发程度总体偏低，竞技体育走向市场的步伐依然缓慢。首先，四川本土企业参与体育市场化发展的意识不强、数量较少，四川省优秀运动员培养大多数仍然是采用传统的专业队培养形式。有企业参与的项目只有足球、篮球、体操、马术和部分冰雪项目。目前，四川省真正意义上由企业主导的职业俱乐部只有四家，分别是：四川金强篮球俱乐部、四川九牛足球俱乐部（中甲）、成都兴城足球俱乐部（中乙）以及刚成立的四川恒耀足球俱乐部。企业参与竞赛冠名等情况较少，企业赞助也多以服装等为多，持续的资金支持比较少。其次，作为体育市场最具优势开发潜力的竞赛表演活动为例，根据四川省 2018 年体育产业统计公告的数据，2018 年四川省体育产业总产出 1163.86 亿元，体育竞赛表演活动总产值 21.32 亿元，仅占比 1.83%，曾经的“金牌球市”一去不返。此外，出售电视转播权也是商业体育重要的利益增长点，而四川省 2007 年便撤除了四川体育电视频道，目前，省内无一家专业体育频道对赛事进行转播。总体而言，四川体育市场的发育度较低，优秀运动员培养市场化还有很长的路要走。

第二节　四川省竞技体育项目市场化评价

一、选取研究对象及指标数据来源

（一）研究对象的确立

由于是第一次对该评价模式进行验证，考虑到数据选取的可操作性，故只选取了四川竞技体育中比较有代表性的十个项目作为本次研究对象进行市场化评价计算：足球、篮球、排球、羽毛球、乒乓球、网球、游泳、体操、田径、举重。具体情况见表 7-4 所列。

表 7-4　四川省部分体育项目运动员培养现状

项目	选取理由	当前运动员培养主要路径
足球	“三大球”之一；全国第一批协会脱钩试点省市	俱乐部培养；专业队培养
篮球	“三大球”之一；职业化程度相对较高	俱乐部培养；专业队培养

（续表）

项目	选取理由	当前运动员培养主要路径
排球	“三大球”之一；传统优势项目	专业队培养
乒乓球	“三小球”之一；社会接受度较高	专业队培养
羽毛球	“三小球”之一	专业队培养
网球	“三小球”之一；社会参与度较高	专业队培养
田径	传统优势项目；社会参与度较高	专业队培养
举重	经验判断社会化程度较低	专业队培养；委托培养
体操	优势项目；经验判断社会化程度较低	专业队培养；委托培养
游泳	优势项目；经验判断社会化程度较低	专业队培养

总体而言，篮球、排球、足球作为备受瞩目的“三大球项目”，受到广泛的关注与期望。在四川省来看，篮球和足球均有职业俱乐部和职业球员，也同时拥有专业队运动员。排球虽然有联赛，但目前看来，参加比赛的所有的运动员均是专业队训练模式。乒乓球作为国球其社会认可度较高，但由于观赏性较差，故市场化程度并不高。网球社会俱乐部较多，但能够达到承担培养优秀运动员水平的俱乐部还几乎没有。目前，四川承担奥运会、全运会任务的优秀运动员绝大多数依然依靠专业队训练，此外，有极个别运动员以个人培养的方式走上了“单飞”道路（王蔷）。羽毛球对场地要求不高、普及性较强，社会参与度比较高，但优秀运动员的培养依然依靠专业队训练模式。体操、举重主要采取专业队训练模式，其中个别项目采取与院校共建、委托培养的形式进行。田径和游泳以专业队训练为主。

（二）指标数据来源

本实证研究的数据来源具体说明如下：

K_1：国家对竞技体育财政拨款数，《四川省 2017 年财政预算执行情况和 2018 年财政预算草案》。

K_2 国家体彩基金支持竞技体育投入金额，《2017 年度国家体育总局体彩公益金使用情况公告》。

K_3 政府出台有关助推体育改革政策文件数，考虑到政策的持续性与阶段性，通过查阅国家体育总局、四川省体育局官方网站、《中国体育年鉴》《四川体育年鉴》等，选取了自 2014—2020 年国家和省级出台文件数。

K_4 针对某一单项出台改革政策，考虑到政策的持续性与阶段性，通过查阅国家体育总局、四川省体育局官方网站、《中国体育年鉴》《四川体育年鉴》等，选取了自2014—2020年国家和省级出台文件数。

K_5科研投入经费数，通过访谈得知此部分具体数据官方未有统计，为此，本研究变通采用查阅官方网站就科研信息出现的频次代替这一变量。

K_6地方所有国家高水平体育后备人才基地数，《中国体育年鉴》及互联网搜索到的所有基地的项目设置情况整理所得。

K_7省级地区人均GDP值，四川统计信息网。

K_8政府委托社会团体、事业单位、企业或个人培养优秀运动员数量，通过访谈、《四川体育年鉴》、网络信息收集整理所得。

K_9运动队（运动员）获得商业冠名、赞助费，具体经费数额难以收集，根据访谈得知，目前四川获得冠名的运动队屈指可数，而商业赞助多为赞助服装等，无持续稳定的赞助。因此，通过访谈和互联网资料收集，有冠名的队伍赋值1，无冠名赋值0。

K_{10}网络、电视直播频率，目前四川省没有省级体育电视台，中央电视台一般仅转播国家级或重大赛事，现在多在网络上收看直播，通过对体育直播网站的搜索，有直播计划赋值1，无直播计划赋值0。

K_{11}举行国内单项体育赛事数量，《中国体育年鉴》《四川体育年鉴》及网络收集数据。

K_{12}单项职业联盟和俱乐部数量，根据《四川体育年鉴》以及网络公开资料整理所得。

K_{13}项目代表队获得世界、亚洲比赛奖牌数，根据《中国体育年鉴》《四川体育年鉴》整理所得。

K_{14}项目代表队获得全国比赛1～8名人次，根据《四川体育年鉴》整理所得。

K_{15}运动员获大专以上学历人数，对四川省体育局相关管理部门调研所得数据。

K_{16}省级优秀运动队退役就业率（第一次就业），对四川省体育局相关管理部门调研所得数据。

K_{17}项目注册运动员数量，对四川省体育局相关管理部门调研所得数据。

K_{18}项目社会关注度，问卷调查所得。

二、体育项目市场化评价

为将各项指标有效转化为有效数值，对收集到的数据进行了无量纲化处理。（见表7-5所列）

计算综合评价指数：

（1）根据上一章模型计算得出指标层 $C_i=(i=1,2,3,\cdots,n)$ 的权重 $W_i=(i=1,2,3,\cdots,n)$，由指标层权重进行依次递进加权求和，得出不同体育项目市场化程度排名。

表 7-5　各运动项目原始数据

指标层	总权重（W_i）	体操	游泳	羽毛球	足球	网球	排球	篮球	举重	乒乓球	田径
K_1	0. 1383	34214	34214	34214	34214	34214	34214	34214	34214	34214	34214
K_2	0. 0461	15517	15517	15117	15117	15117	15517	15517	15117	15117	15117
K_3	0. 0922	22	22	22	22	22	22	22	22	22	22
K_4	0. 0922	0	1	0	4	0	1	1	0	0	1
K_5	0. 0066	3	3	3	5	3	5	5	3	3	3
K_6	0. 0512	3	6	4	3	3	2	7	3	10	3
K_7	0. 0065	44759	44759	44759	44759	44759	44759	44759	44759	44759	44759
K_8	0. 0359	3	3	0	1	5	1	0	1	1	1
K_9	0. 0359	1	0	1	1	1	1	1	0	1	1
K_{10}	0. 0065	0	0	0	1	0	0	1	0	0	0
K_{11}	0. 0163	7	16	7	27	16	6	12	9	8	21
K_{12}	0. 0065	1	1	0	3	2	1	1	0	3	2
K_{13}	0. 0179	16	29	3	0	0	0	2	9	6	1
K_{14}	0. 0179	233	243	86	22	6	84	19	13	23	108
K_{15}	0. 0269	13	76	43	145	24	37	58	13	7	49
K_{16}	0. 0806	34	42	31	43	57	43	53	27	33	39
K_{17}	0. 0806	28	161	111	302	44	92	143	38	105	268
K_{18}	0. 2419	3	3	3	5	5	3	5	1	3	3

（2）设各体育项目相对评价指数为 $V_j=(j=1,2,3,\cdots,m)$。各体育项目综合评价指数为 $V_j'=(j=1,2,3,\cdots,m)$，公式为 $V_j'=\sum_{i=1}^{n}\sum_{j=1}^{m}(W_i*V_j)$，计算结果见表 7-6 所列。

表 7-6　各运动项目综合评价指数

指标层	总权重（W_i）	体操（V_1）	游泳（V_2）	羽毛球（V_3）	足球（V_4）	网球（V_5）	排球（V_6）	篮球（V_7）	举重（V_8）	乒乓球（V_9）	田径（V_{10}）
K_1	0.1383	0.1000	0.1000	0.1000	0.1000	0.1000	0.1000	0.1000	0.1000	0.1000	0.1000
K_2	0.0461	0.1016	0.1016	0.0990	0.0990	0.0990	0.1016	0.1016	0.0990	0.0990	0.0990
K_3	0.0922	0.1000	0.1000	0.1000	0.1000	0.1000	0.1000	0.1000	0.1000	0.1000	0.1000
K_4	0.0922	0.0000	0.1250	0.0000	0.5000	0.0000	0.1250	0.1250	0.0000	0.0000	0.1250
K_5	0.0066	0.0833	0.0833	0.0833	0.1389	0.0833	0.1389	0.1389	0.0833	0.0833	0.0833
K_6	0.0512	0.0682	0.1364	0.0909	0.0682	0.0682	0.0455	0.1591	0.0682	0.2273	0.0682
K_7	0.0065	0.1000	0.1000	0.1000	0.1000	0.1000	0.1000	0.1000	0.1000	0.1000	0.1000
K_8	0.0359	0.1875	0.1875	0.0000	0.0625	0.3125	0.0625	0.0000	0.0625	0.0625	0.0625
K_9	0.0359	0.1250	0.0000	0.1250	0.1250	0.1250	0.1250	0.1250	0.0000	0.1250	0.1250
K_{10}	0.0065	0.0000	0.0000	0.0000	0.5000	0.0000	0.0000	0.5000	0.0000	0.0000	0.0000
K_{11}	0.0163	0.0543	0.1240	0.0543	0.2093	0.1240	0.0465	0.0930	0.0698	0.0620	0.1628
K_{12}	0.0065	0.0400	0.0400	0.0400	0.2000	0.1200	0.1200	0.2000	0.0000	0.1200	0.1200
K_{13}	0.0179	0.2424	0.4394	0.0455	0.0000	0.0000	0.0000	0.0303	0.1364	0.0909	0.0152
K_{14}	0.0179	0.2784	0.2903	0.1027	0.0263	0.0072	0.1004	0.0227	0.0155	0.0275	0.1290
K_{15}	0.0269	0.0280	0.1634	0.0925	0.3118	0.0516	0.0796	0.1247	0.0280	0.0151	0.1054
K_{16}	0.0806	0.0846	0.1045	0.0771	0.1070	0.1418	0.1070	0.1318	0.0672	0.0821	0.0970
K_{17}	0.0806	0.0217	0.1246	0.0859	0.2337	0.0341	0.0712	0.1107	0.0294	0.0813	0.2074
K_{18}	0.2419	0.0882	0.0882	0.0882	0.1471	0.1471	0.0882	0.1471	0.0294	0.0882	0.0882
评价指数 V'_j		0.0848	0.1137	0.0787	0.1654	0.1021	0.0911	0.1189	0.0541	0.0860	0.1053

为使计算结果更为直观，将计算所得综合评价指数以雷达图的形式呈现（如图 7-1 所示）。

由综合评价指数可见，在四川省所选取的十个体育项目中，数值越大，项目市场化程度越高。市场化程度按照足球、篮球、游泳、田径、网球、排球、乒乓球、体操、羽毛球、举重依次递减，最终结果见表 7-7 所列。这样的计算结果与现状基本吻合。足球、篮球是目前四川省拥有职业球队的两个项目，其市场化程度高、市场基础比较好，这样的项目适合走市场化道路，优秀运动员培养也可依靠职业俱乐部，通过政府采购服务的形式服务我国竞技体育事业发展。排名最后的举重，虽然其市场化普及程度最低、但它在奥运成绩、全运成绩指标较好，作为我国竞技体育优势项目，需予以行政支持。对于排名中间部分的各项目，有较好的群众基础和商业开发潜力，可以分步骤交给市场，如正在进行的项目协会脱钩便是将青少年培训、赛事组织等权责交由市场，而涉及竞技体育核心的优秀运动员培养，可在市场化发育程度不断成熟的情况下，交给市场，实现政府购买服务、委托培养。

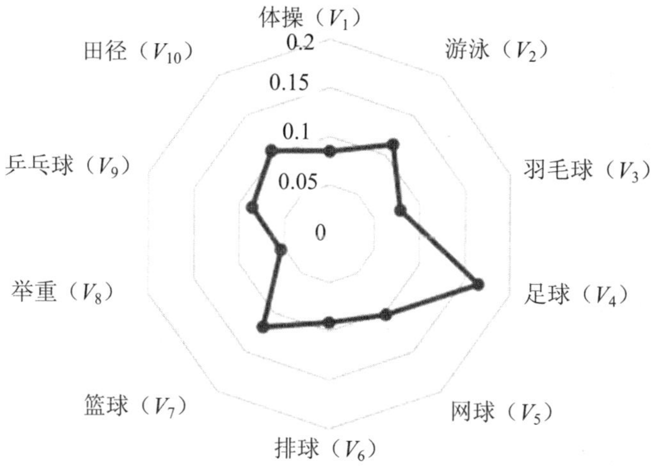

图 7-1　综合评价指数雷达图

表 7-7　四川省部分体育项目市场化程度排序表

项目名称	评价指数
足球	0.1654
篮球	0.1189
游泳	0.1137
田径	0.1053
网球	0.1021
排球	0.0911
乒乓球	0.0860
体操	0.0848
羽毛球	0.0787
举重	0.0541

本章小结：通过选择四川省竞技体育情况进行实证研究，计算结果与现状基本吻合，说明了构建的体育项目市场化评估模型是比价合理并能够提供有效借鉴。由于对体育项目市场化评价指标体系和模型方面的研究还比较缺乏，限于笔者的能力和精力在本书中只做了初探，在今后的研究中将进行更为深入的研究。

第八章　研究结论、建议与展望

第一节　研 究 结 论

1. 作为一个发展中国家，在全世界人口数量最多的国家办世界上规模最大的体育事业，不可能照搬任何一个国家办体育的模式，而必须以自己的国情为基础。我国的优秀运动员培养体制有其特色和优势，在发展的过程中总结了许多丰富的经验，同时，也应该博采众长，从历史中吸取经验教训，从世界各国的体育发展道路中吸取宝贵经验，充分利用人类社会体育发展中的一切优秀成果，探索具有中国特色的体育发展之路。

2. “世间万物，人最宝贵”。在我国建立人才资源强国的战略背景下，解决好体育人才的可持续发展问题是突破现有体制束缚的关键所在。对于优秀运动员的培养，必须始终坚持“以人为本”的根本理念，打破旧观念和制度、体制机制等方面的束缚，特别是要彻底扭转以牺牲优秀运动员文化学习为代价取得金牌的陈旧观念与做法。按照新时代我国市场经济发展要求，积极探求符合市场规律、符合竞技体育规律的培养路径，确保优秀运动员健康可持续的发展。

3. 在优秀运动员培养过程中，完善与发展“举国体制”在一段时间内依然是我国体育事业发展的价值选择，“举国体制”与市场化并举的人才培养模式将成为时代趋势，这是对我国竞技体育领域制度创新能力的一种挑战。政府在体育中的职能应逐步从“台前”转到“幕后”，由金牌的“生产者”向金牌的“管理者”转化。国家将逐步减少对运动员直接投入的人力物力，广义的市场将成为培养优秀运动员的主要力量。

4. 在我国优秀运动员培养不断走向市场化的进程中，随着体育项目市场化程度发展的不同，将越来越呈现出多元化趋势。将逐步形成以国家顶层设计、宏观引导，对原本高度集中的竞技体育资源，按照各体育项目市场化程度的不同而重新配置，逐步分化到省级体育部门、职业体育俱乐部、高等院校和社会组织各种途径，逐步形成多路径、多层次、精英化的优秀运动员培养体系。

5. 实现市场化细分的主要路径为：进一步明确政府与市场的职责分工，两者泾渭分明、各司其职，又相互补充支撑。充分发挥政府政策引领、环境维护的作用。按照项目的不同，对运动员培养路径做好按项目“领域细分”。按照供给侧结构优化的思路，充分对地域不同造成的自然条件、经济水平、体育人才储备、竞技体育发展现状、市场基础等诸多差异进行统筹考虑。首先在一些市场基础好的项目和地区实现优秀运动员培养的市场化及市场化机制的构建。对项目布局按照地域性做好优化调配工作，凸显不同地域项目差异化发展，对项目发展真正做到“精耕细作”，逐步减少各地低水平重复建设，避免资源的浪费。同时，对体育项目按照市场化程度予以分类分级管理，加快群众基础广泛、商业运作较成熟项目的市场化进程（如篮球、足球、乒乓球）；政府重点资助我国传统优势项目中投入大、市场化程度低、普及率低的项目（如举重、跳水）等。

6. 从长远看，大众体育依然是竞技体育发展的基石所在。“问渠哪得清如许?为有源头活水来。”只有继续加强体育场馆建设、创造体育文化氛围、将体育与教育真正融合，不断增加体育人口数量，才能真正为我国优秀运动员的培养夯基固本。

第二节 研究建议

1. 在我国竞技体育走向市场化的初级阶段，政府主导能力将发挥至关重要的作用。作为一个复杂的体系，竞技体育的市场化改革远非是体育行政部门便能主导推动的，它需要政府多个部门的联合推进和企业、社会组织甚至个人共同持续发力，构建“大体育”发展格局，共同推进竞技体育市场化进程。其具体如下方面。

（1）加大政府宏观政策的调控和支持力度，做好顶层设计，对于参与体育项目市场化的社会组织、企业予以更多的政策红利和引导，如在财政、税收、土地、就业等方面的激励机制和政策。

（2）加强政府对体育市场形成发育的监督和保护作用，创造更适合体育产业健康发展的经济环境和政策氛围。

（3）促进企业、社会组织等体育治理的多方主体发展壮大，整合全社会的资源和力量促进竞技体育市场化进程，提升竞技体育的治理体系和治理能力，形成良性循环的运动员培养大环境。

2. 通过体育项目协会脱钩改革，进一步明确政府与市场的职责，打破以往一些政府“管得宽、管得细、管得死”的体制障碍，激发市场与社会组织的活力与创造力。逐步将青少年培训、赛事举办等职责交于市场，以此促进政府主管部门的“减负”与“瘦身”，使得政府在供给侧端对所辖体育项目的结构优化得以实现。

3. 从国家顶层设计到各地方行政管理部门，对运动员管理、教育、成长、成才、退役安置予以更多地关注和规范，针对新出现的情况，如运动员“单飞”、国内外俱乐部注册交流等情况出台系列政策，进一步完善优秀运动员培养人才体系。

4. 四川省优秀运动员培养路径选择建议

（1）强化政府主导能力，构建“大体育”治理体系。针对四川企业投资体育较少的情况，政府出台政策引导，鼓励更多的川商、资金进入体育领域，整合全社会的资源和力量促进竞技体育市场化进程，提升竞技体育的治理体系和治理能力，形成良性循环的运动员培养大环境。

（2）以协会脱钩为契机，实现运动员培养供给侧机构优化。就在笔者快完成这篇论文的时候得到信息：按照中央的安排部署，国家将在 2020 年 12 月底前完成所有体育项目的脱钩，四川省体育局将在 2020 年 6 月前完成所有体育项目中心的脱钩（除足球）。脱钩后的四川省体育协会将按照“五分离”的总体目标，对体育项目协会从机构设置、人事管理、财政支持、职能等方面实行完全剥离，悬而未决许久的脱钩计划将在政府的强力推进下落地实施。脱钩后的体育项目需在市场的洗礼中优胜劣汰，逐步达到优化体育项目结构、提高优秀运动员培养质量，实现运动员可持续发展。脱钩是实现协会自主管理、实现自身造血能力的必经之路。在脱钩初期，省体育局不仅要给予业务指导和监督管理，更要发挥“扶上马，送一程”的积极作用，帮助协会逐渐脱离体制依赖，早日实现自由独立的运行。

（3）体育行政部门加大开放力度，不断拓宽优秀运动员培养路径。作为原有优秀运动员培养主体单位，体育管理部门应更新理念，以更加开放的态度和灵活的机制，加深与社会各类组织的合作，以购买服务、合作共建、委托训练等形式将优秀运动员的培养推向市场，一方面降低了国家培养优秀运动员的成本，另一方面激发了社会组织的活力，实现政府、社会、企业共同参与体育市场开发，多元化协同发展的共赢局面。目前，四川省已经在足球、篮球、马术、部分体操项目、部分冰雪项目上以购买服务等相关方式加强与社会、企业共同培养运动员的合作共赢关系，这样的成功案例应该尽量从个别推广到大多数人，继续加快政府问需于社会、问需于市场的步伐。

（4）实事求是、因地制宜，分类推进四川省体育项目市场化进程。通过研究和调研所得，四川省所有体育项目的市场化程度不一，必须通过分类指导，科学评估一个体育项目在四川的竞技水平、市场化基础、市场潜力等情况，才能做出准确的研判，进而选择不同的方式推进优秀运动员培养的市场化进程。

市场化程度较高的体育项目，如篮球、足球等，此类项目社会关注度高、国家政策扶持力度大、商业开发潜力大，可加快职业化进度，实现优秀运动员培养由目前的半职业化培养模式逐步向完全职业化转化。

市场化程度居中的体育项目，如网球、羽毛球、乒乓球、田径等，此类项目社会参与度较高，开展门槛较低，同时是我国竞技体育的优势项目，可逐步交由协会，走社会化道路，通过广大人群的参与夯实后备人才基础，再以购买服务、委托训练的路径培养优秀运动员。

市场化程度较低的体育项目，像体操、举重、摔跤等，这些项目市场化基础较差、运动员职业风险较大，同时又是我国奥运争光计划的优势项目，这些项目可以由体育行政部门主导、寻求院校合作共建的路径，走院校化发展道路，这样一方面可以为政府减负，同时发挥高等院校在教书育人、科研攻关方面的优势，提升项目的科技水平，同时实现从事这些项目的优秀运动员的全面发展与可持续发展。

第三节　研 究 展 望

1. 在本研究的设计之初，笔者便尝试以影子价格理论对体育人才的市场化程度进行科学计算和量化分析，由于影子价格理论还未见于体育人才培养的研究领域，在无借鉴学习且个人精力水平有限的情况下，竟未能完成这一设想，深感遗憾。希望在本书出版后，能够就此问题继续深入研究，实现影子价格作用于竞技体育人才培养的相关问题研究。

2. 在本研究的体育项目市场化评价模型的建构中，由于一些设计的指标数据不易得、不可得，为了确保计算结果的准确性，把这些指标都取消了，做了一个模型的初步雏形。在未来的研究中，将进一步丰富指标体系的内容，更为准确和全面地反映体育项目的市场化状况，以期更好地为实践借鉴参考。

附　件

《我国优秀运动员培养路径市场化研究》专家问卷

尊敬的专家：

您好！我是成都体育学院在读博士，我的毕业论文题目为《我国优秀运动员培养路径研究》，现开展相关调查活动。本研究中“优秀运动队”是指代表国家争得荣誉的高竞技水平的群体，“优秀运动员”是指优秀运动队中的运动员，他们以参加体育运动训练和竞技比赛为职业。

您是运动员培养教育方面的专家，您的宝贵意见和建议将帮助我更好地完成博士论文，衷心感谢您的支持与帮助！

2018 年 12 月 13 日

您的基本情况：

年龄：　　　　　性别：　　　　　职称：

单位：　　　　　　　　　　　　　职务：

1. 现行优秀运动员培养体制是否符合实现体育强国目标要求？　（　　）

A. 非常符合　　B. 比较符合　　C. 基本符合

D. 不符合　　E. 完全不符合

2. 优秀运动员培养主体应该是：

①培养主体应该是国家体育总局。　（　　）

A. 非常认同　　B. 比较认同　　C. 基本认同

D. 不太认同　　E. 非常不认同

您的观点：

②培养主体应该是各省级体育主管部门。（　　）

A. 非常认同　　B. 比较认同　　C. 基本认同

D. 不太认同　　E. 非常不认同

您的观点：

③培养主体应该是高等体育院校和附属竞技体校。（　　）

A. 非常认同　　B. 比较认同　　C. 基本认同

D. 不太认同　　E. 非常不认同

您的观点：

④培养主体应该是各级行业体育协会组织和各体育俱乐部等。（　　）

A. 非常认同　　B. 比较认同　　C. 基本认同

D. 不太认同　　E. 非常不认同

您的观点：

⑤培养主体应该多元化发展，包括国家体育总局，各省（市、区）体育主管部门，高等体育院校，行业体育协会组织和俱乐部等都可以成为培养主体。（　　）

A. 非常认同　　B. 比较认同　　C. 基本认同

D. 不太认同　　E. 非常不认同

⑥其他观点：

3．如上题⑤优秀运动员培养主体多元化成立，培养主体所占比例应该是：

①国家体育总局占____%

②各省级体育主管部门占____%

③高等体育院校、附属竞技体校占____%

④行业体育协会组织占____%

⑤体育俱乐部占____%

4．您对未来优秀运动员培养路径发展趋势的看法：

（1）坚持“举国体制”。（　　）

A. 非常认同　　B. 比较认同　　C. 基本认同

D. 不太认同　　E. 非常不认同

您的观点：

（2）坚持职业俱乐部等市场化发展路径。（　　）

A. 非常认同　　B. 比较认同　　C. 基本认同

D. 不太认同　　E. 非常不认同

您的观点：

（3）坚持高校“体教结合”路径。（　　）

A. 非常认同　　B. 比较认同　　C. 基本认同

D. 不太认同　　E. 非常不认同

您的观点：

（4）坚持“举国体制”“体教结合”“俱乐部”等多元融合发展路径。（　　）

A. 非常认同　　B. 比较认同　　C. 基本认同

D. 不太认同　　E. 非常不认同

您的观点：______________________________。

（5）其他观点：______________________________。

问卷到此结束，再次感谢您的大力支持！

《我国体育项目市场化评价指标体系构建》专家问卷（第一轮）

尊敬的专家：

您好！我是成都体育学院在读博士，我的毕业论文题目为《我国优秀运动员培养路径研究》，现开展相关调查活动，请您拨冗填写。您的意见和建议将作为重要的参考依据！

问卷说明：

在我的论文中拟建立一个评价体育项目市场化程度的指标体系，此问卷的目的是运用特尔菲法对拟建的指标体系可行性进行验证。

填表说明：

对以下影响体育项目市场化进程的指标，请您对其重要性进行赋值：非常重要为 5 星；比较重要为 4 星；一般重要为 3 星；不重要为 2 星；很不重要为 1 星。

如果您认为所选指标不理想或需要添加，请您在“建议新增指标”中填写。感谢您在百忙中填写我的问卷，谢谢！

1．您单位性质：

（1）体育管理部门　（2）高校或研究所　（3）电视、报纸、网络媒体

2．一级指标重要性评分（见附件表 2-1 所列）

附件表 2-1　一级指标重要性评分

	非常重要	比较重要	一般重要	不重要	很不重要
（1）政府职能转变指标（宏观）					
（2）市场发育形成指标（中观）					
（3）运动员培养发展指标（微观）					

3．二级指标重要性评分（见附件表 2-2 所列）

附件表 2-2　二级指标重要性评分

	非常重要	比较重要	一般重要	不重要	很不重要
（1）顶层设计					
（2）职能转变					
（3）项目市场发育度					
（4）项目社会关注度					
（5）运动员竞技水平					
（6）运动员可持续发展能力					

4．三级指标重要性评分（见附件表 2-3 所列）

附件表 2-3　三级指标重要性评分

	非常重要	比较重要	一般重要	不重要	很不重要
（1）国家对竞技体育财政拨款数					
（2）体彩基金支持竞技体育投入金额/体彩基金投入体育总金额					
（3）政府出台政策文件总数					
（4）针对某一项目出台政策/政府出台体育有关政策总数					
（5）已脱钩国家级体育单项协会数/国家级体育单项协会总数					
（6）省级区域人均 GDP 值/国家人均 GDP 值					
（7）区域体育产业总产值值/地区 GDP 值					
（8）省级区域每十万人体育场馆数					
（9）地方所有国家高水平体育后备人才基地数/全国高水平体育后备人才基地数					

（续表）

	非常重要	比较重要	一般重要	不重要	很不重要
（10）体育单项年度赛事数/全年全国赛事总数					
（11）运动队广告代言数量					
（12）项目获得奥运会奖牌数/奥运奖牌总数					
（13）省级代表队获得全国比赛金牌数/项目全国比赛金牌总数					
（14）项目注册运动员数量/国家注册运动员总数					
（15）竞赛门票收入					
（16）电视转播权收入					
（17）体育竞赛表演业营业收入/体育产业总产出					
（18）项目官方号在社交媒体粉丝数量					
（19）运动员获全国比赛名次数					
（20）运动员参与国际职业赛事人数/运动队运动员总数					
（21）运动员获大专以上学历人数/运动队运动员总数					
（22）运动员广告代言数					

	是	否
（23）是否成立省级单项协会组织（是：5分；否：0分）		
（24）是否建立明晰产权制度（是：5分；否：0分）		

5．请您提出宝贵的修改意见：________________

《我国体育项目市场化评价指标体系构建》专家问卷（第二轮）

尊敬的专家：

您好！我是成都体育学院在读博士，我的毕业论文题目为《我国优秀运动员培养路径研究》，现开展相关调查活动，请您拔冗填写。您的意见和建议将作为重要的参考依据！

问卷说明：

在我的论文中拟建立一个评价体育项目市场化程度的指标体系，此问卷的目的是运用特尔菲法对拟建的指标体系可行性进行验证。

填表说明：

对以下影响体育项目市场化进程的指标，请您对其重要性进行赋值：非常重要为 5 星；比较重要为 4 星；一般重要为 3 星；不重要为 2 星；很不重要为 1 星。

如果您认为所选指标不理想或需要添加，请您在“建议新增指标”中填写。感谢您在百忙中填写我的问卷，谢谢！

1．您单位性质：

（1）体育管理部门　（2）高校或研究所　（3）电视、报纸、网络媒体

2．一级指标重要性评分（见附件表 3-1 所列）

附件表 3-1　一级指标重要性评分

	非常重要	比较重要	一般重要	不重要	很不重要
（1）体育项目投入					
（2）体育项目产出					
（3）体育项目可持续发展					

3．二级指标重要性评分（见附件表 3-2 所列）

附件表 3-2　二级指标重要性评分

	非常重要	比较重要	一般重要	不重要	很不重要
（1）资金投入					
（2）政策支持					

（续表）

	非常重要	比较重要	一般重要	不重要	很不重要
（3）训练保障					
（4）经济基础					
（5）市场发育度					
（6）项目竞技水平					
（7）运动员退役保障					
（8）项目发展潜力					

4．三级指标重要性评分（见附件表 3-3 所列）

附件表 3-3　三级指标重要性评分

	非常重要	比较重要	一般重要	不重要	很不重要
（1）国家对竞技体育财政拨款数					
（2）国家体彩基金支持竞技体育投入金额					
（3）政府出台有关助推体育改革政策文件数					
（4）针对某一单项出台的改革政策					
（5）省级区域每十万人体育场馆数 （6）地方所有国家高水平体育后备人才基地数					
（7）省级地区人均 GDP 值					
（8）省级地区体育产业总产值					
（9）政府委托社会团体、事业单位、企业或个人培养优秀运动员数量					
（10）运动队（运动员）获得商业冠名、赞助费					

（续表）

	非常重要	比较重要	一般重要	不重要	很不重要
（11）单项竞赛门票、电视转播收入					
（12）国内单项体育赛事数量					
（13）项目代表队获得国际、亚洲比赛奖牌数					
（14）项目代表队获得全国比赛 1～8 名人次					
（15）单项体育协会官方微博号在网络的粉丝数量					
（16）运动员获大专以上学历人数					
（17）省级优秀运动队退役就业率（第一次就业）					
（18）项目注册运动员数量					
（19）科研经费投入					
（20）您最关注或喜爱参与的体育项目：______					

5．请您提出宝贵的修改意见：________________

参 考 资 料

[1] 程林林. 当代中国体育利益格局演化研究[M]. 北京:学习出版社,2011
[2] 陈立基. 论奥林匹克运动发展观[M]. 北京：北京体育大学出版社，2007
[3] 池建. 竞技体育发展之路——走进美国[M]. 北京：人民体育出版社，2009
[4] 陈伟，等. 新中国体育与奥林匹克运动双向驱动发展研究[M]. 北京：人民体育出版社，2016
[5] [英]道格拉斯·诺斯. 西方世界的兴起[M]. 北京：华夏出版社，2009
[6] 国家体育总局. 改革开放 30 年的中国体育[M]. 北京：人民体育出版社，2008
[7] 国家体育总局青少年体育司. 奥运项目竞技体育后备人才培养中长期规划（2014—2024）[M]. 北京：人民体育出版社，2014
[8] [德]豪格·普鲁斯. 奥运经济学[M]. 北京：北京体育大学出版社，2008
[9] 斯凯恩. 一看就懂得经济常识全图解[M]. 上海：立信会计出本社，2014
[10] 梁晓龙，等. 举国体制[M]. 北京：人民体育出版社，2006
[11] 刘扶民，等. 中国体育及相关产业统计[M]. 北京：人民体育出版社，2011
[12] 刘青. 体育行政管理新论[M]. 北京：人民体育出版社，2006
[13] 刘青，等. 竞技体育管理方式——西部的路径与抉择[M]. 北京：人民体育出版社，2007
[14] 刘青，等. 体育强国建设进程中的体育体制改革[M]. 北京：人民体育出版社，2015
[15] 刘青，等. 体育管理论[M]. 成都：四川科学技术出版社，2014
[16] 刘青. 运动训练管理教程[M]. 北京：人民体育出版社，2007
[17] 刘清早. 体育赛事运作案例精选[M]. 北京：人民体育出版社，2017

[18] 卢元镇. 中国体育社会学评说[M]. 北京：北京体育大学出版社，2003（1）

[19] 马克思. 马克思恩格斯选集[M]. 北京：人民出版社，1972

[20] 孙冶方. 社会主义经济论稿[M]. 广州：广东经济出版社，1998

[21] 孙汉超. 体育管理探索文集[M]. 北京：人民体育出版社，2015

[22] 斯莫列夫斯基. 论一级体操运动员的培养工作[J]. 赵育生，译. 北京体育大学学报，1960（8）：11-15

[23] 四川省体育局. 四川体育年鉴 • 2018[M]. 成都：四川人民出版社，2018

[24] 江和平，张海潮. 中国体育产业发展报告[M]. 北京：社会科学文献出版社，2013

[25] 江和平，张海潮. 中国体育产业发展报告[M]. 北京：社会科学文献出版社，2014

[26] 吴敬琏，等. 供给侧改革引领“十三五”[M]. 北京：中信出版集团，2016

[27] 熊晓正. 我国竞技体育发展模式的研究[M]. 北京：人民体育出版社，2008

[28] [英]罗纳德 • 哈里 • 科斯，等. 变革中国——市场经济的中国之路[M]. 北京：中信出版社，2014：221

[29] 钟秉枢. 成绩资本和地位获得——我国优秀运动员群体社会流动的研究[M]. 北京：北京体育大学出版社，2007

[30] 朱克力. 供给侧改革引领“十三五”[M]. 北京：中信出版集团，2016

[31] 白光斌，等. 对全运会运动员资格归属问题的相关研究[J]. 体育与科学，2011（6）

[32] 鲍明晓.“十三五”我国体育发展战略研究[J]. 上海体育学院学报，2016（2）

[33] 鲍明晓. 构建“举国体制”与市场机制相结合新机制[J]. 体育科学，2018（10）

[34] 鲍明晓. 新时代体育强国建设六大战略意义[J]. 体育学研究，2018（3）

[35] 鲍明晓. 体育大国向体育强国迈进的战略研究[J]. 南京体育学院学院，2009（12）

[36] 陈彩香. 试论我国体育的社会化、市场化及职业化发展[J]. 西安体育学院学报，2001（4）

[37] 陈林祥. 我国优秀运动员社会保障体系的研究[J]. 武汉体育学院学

报，2002（5）

[38] 陈美红，等. 我国竞技运动员培养的制度诉求——对“双轨”制度实施的研究[J]. 广州体育学院学报，2017（4）

[39] 戴文忠，等. 中国与英国、瑞典体育管理体制比较[J]. 体育文史，1999（1）

[40] 高虹. 北京奥运后竞技体育和大众体育的走向问题——东京奥运会后日本体育发展道路的启示[J]. 山东体育学院学报，2008（8）

[41] 高雪峰. 我国全面推行竞技体育社会化的改革构想[J]. 武汉体育学院学报，2005（4）

[42] 郝勤. 当代中国专业体育体制的特征与评价[J]. 体育文史，1999（4）

[43] 侯海波，等. 国外竞技体育强国后备人才培养体制及启示[J]. 上海体育学院学报，2005（8）

[44] 胡利君. 中国职业体育发展研究[J]. 体育科学，2020（2）

[45] 胡惕，等. 当代我国学校运动训练发展路径的研究[J]. 北京体育大学学报，2015（12）

[46] 霍照，等. 体育投资经济效益——指标体系初探[J]. 山西财经学院学报，1993（4）

[47] 钟泽. 新时期我国竞技体育评价指标体系的构建[J]. 沈阳体育学院学报，2010（2）

[48] 姜同仁，等. 德国体育产业发展方式解析与启示[J]. 西安体育学院学报，2015（2）

[49] 蒋志学，等. 英国运动员文化教育及就业计划[J]. 体育文化导刊，2005（9）

[50] 金光珠. 英国竞技体育投资与分配机制研究[J]. 南京体育学院学报（社会科学版），2017（31）

[51] 金玉国. 市场化进程测度：90 年代成果总结与比较[J]. 经济学家，2000（5）

[52] 兰彤. 从“李娜现象”看中国乒乓球运动改革[J]. 南京体育学院学报，2011（12）

[53] 李家奎. 中美高校竞技体育管理模式探析（一）——管理机构和运动员管理部分[J]. 南京体育学院学报，2004（2）

[54] 李杰凯. 我国优秀运动员文化教育现实问题及改革的建议[J]. 沈阳体育学院学报，2002（3）

[55] 李元伟，等. 关于进一步完善我国竞技体育“举国体制”的研究[J]. 中

国体育科技，2003（8）

[56] 廖恒，邓陈亮. 我国体操项目市场化发展之思考[J]. 体育科技，2014（6）

[57] 凌平. 模式的变革与变革的模式[J]. 体育学刊，2001（1）

[58] 刘波. 德国体育俱乐部建制探析[J]. 体育与科学，2007（3）

[59] 刘波. 德国体育俱乐部体制与竞技体育关系的研究[J]. 体育与科学，2007（6）

[60] 刘芳，等. 社会化——我国优秀运动员培养方式的新选择[J]. 武汉体育学院学报，2007（8）

[61] 刘青. 论我国网球运动员的培养模式及融入国际职业网球的途径[J]. 成都体育学院学报，2006（5）

[62] 刘青. 我国优秀运动员培养方式社会化研究[J]. 中国体育科技，2008（3）

[63] 刘伟. 美国运动员培养模式研究[J]. 山东体育学院学报，2014（1）

[64] 卢元镇. 2008 年后的中国体育[J]. 体育文化导刊，2005（10）

[65] 卢元镇. 对社会主义初级阶段竞技体育体制特征的反思[J]. 体育与科学，1989（1）

[66] 马犇. 新常态下田径体育后备人才培育的教育体制与市场机制[J]. 青少年体育，2016（2）

[67] 马志和，等. 论我国竞技体育后备人才培养体制的创新[J]. 体育科学，2004（6）

[68] 缪佳. 德国体育和竞技体育发展的特点研究[J]. 体育与科学，2010（6）

[69] 牛国胜. 美国大学生运动员培养模式及其对中国的启迪[J]. 南京体育学院学报，2017（3）

[70] 钱光鉴. 体育学院培养优秀运动员应提上重要日程[J]. 北京体育学院学报，1987（1）

[71] 邱建钢. 我国啦啦操项目市场化推广策略研究[J]. 西安体育学院学报，2012（11）

[72] 沈圳. 我国优秀运动员文化教育缺失分析[J]. 体育文化导刊，2016（2）

[73] 孙汉超. 对我国运动项目系统管理的思考[J]. 武汉体育学院学报，2001（3）

[74] 孙汉超. 中国竞技体育的巨大进步得益于五大管理对策[J]. 武汉体育学院学报，2005（1）

[75] 李远乐，等. 英国竞技体育振兴之路探究[J]. 山东体育学院学报，

2009（2）

[76] 唐明智. 我国高校高水平运动队系统运行机制及改革与发展思考[J]. 北京体育大学学报，2007（1）

[77] 陶双彬. 国家、市场与资源配置：体育项目的群分化与比较研究[J]. 体育科学，2010（2）

[78] 田雨普. 努力实现由体育大国向体育强国的迈进[J]. 体育科学，2009（3）

[79] 王安利，等. 学生运动员与运动员学生培养模式的思考[J]. 北京体育大学学报，2006（12）

[80] 王宏江. 美国、澳大利亚和日本竞技体育管理模式研究[J]. 成都体育学院学报，2007（3）

[81] 王家宏，等. 聚焦改革开放40年：中国体育改革与发展的思考[J]. 体育学研究，2018（12）

[82] 王磊，等. 在奥运战略引领大众体育发展的实践与启示——基于伦敦奥运会英国体育政策的思考[J]. 体育科学，2013（6）

[83] 王邵励. 从“体育管理”到“体育治理”：改革背景与内涵新创[J]. 成都体育学院学报，2015（5）

[84] 王先亮，等. 社会力量办体育的可行性及实现路径[J]. 体育学刊，2016（6）

[85] 王永盛，胡湖. 中美大学高水平运动员的培养模式研究[J]. 北京体育大学学报，2006（2）

[86] 肖林鹏，等. 社会转型期竞技体育资源实施优化配置之必要性探讨[J]. 西安体育学院学报，2002（4）

[87] 辛沂. 浅析我国奥运重点项目的布局[J]. 体育文史，1997（3）

[88] 杨桦. 中国体育治理体系和治理能力现代化的概念体系[J]. 北京体育大学学报，2015（8）

[89] 易剑东. 中国体育体制改革的逻辑基点与价值取向[J]. 体育学刊，2011（1）

[90] 虞荣娟. 中美德日大众体育比较研究[J]. 体育文化导刊，2010（4）

[91] 虞重干. 我国优秀运动员文化教育理念的重构[J]. 上海体育学院学报，2007（3）

[92] 张丽芳. 中国棒垒球项目市场化运作的影响因素及对策研究[J]. 经济

研究导刊，2010（4）

[93] 张玲玲.“供给侧结构性改革”视域下我国优秀运动员培养改革的几点思考[C]. 第十一届全国体育科学大会论文摘要汇编，2019（11）

[94] 张争鸣. 社会性质与竞技运动训练体制——六国运动员培养结构比较[J]. 体育科技，1986（5）

[95] 赵爱国. 当代国际政治背景下我国体育体制与政策发展路径选择[J]. 长江论坛，2012（6）

[96] 赵玉亭，等. 我国优秀运动员和后备人才交流方案的研究[J]. 体育科学，2000（4）

[97] 钟秉枢，等. 我国竞技体育职业化若干问题的研究[J]. 经济研究导刊，2010（4）：184-187

[98] 周爱光. 日本体育政策的新动向——《体育振兴基本计划》解析[J]. 体育学刊，2007（3）

[99] 陈祥岩. 优秀运动员的生命历程研究[D]. 上海：上海体育学院，2012（3）

[100] 何强. 改革开放以来我国竞技体育体制改革的历史审视[D]. 北京：北京体育大学，2008

[101] 侯海波. 美国竞技体育体制研究[D]. 北京：北京外交学院，2003，3

[102] 孙雪. 英国精英运动员培养体系研究[D]. 北京：北京体育大学，2013

[103] 王雁. 美国优秀竞技体操运动员多年训练过程研究[D]. 北京：北京体育大学，2010

[104] 张薇. 优秀运动员个性化培养的研究[D]. 北京：北京体育大学，2009

[105] 池建. 体教结合：让体育回归教育[N]. 中国教育报，2016-11-29

[106] 邓小平. 在武昌、深圳、珠海、上海等地的谈话要点[N]. 人民日报，1993-11-06

[107] 胡乐乐. 透视美国大学的体育文化[N]. 光明日报，2016-12-18

[108] 李克强主持召开国务院常务会议. 研究完善预算管理促进收支规范透明的相关意见部署加快发展体育产业、促进体育消费推动大众健身[N]. 中国体育报，2014-09-04

[109] 罗欢欢. 体育改革这一年[N]. 南方周末，2018-01-18

[110] 平萍，肖春飞. 国外竞技体育后备人才培养模式[N]. 人民日报海外版，2002-04-22

[111] 习近平. 开创我国体育事业发展新局面加快把我国建设成为体育强

国[N]. 经济日报，2017-08-28

[112] 熊晓正. 要培养学生运动员体教结合光说怎么行？[N]. 工人日报，2012-07-18

[113] 张荣锋. 剖解美国运动员独特的培养体制[N]. 国际先驱导报，2012-08-28

后　记

本书是我在近年来主持的四川省社会科学研究“十三五”规划项目（SC20B017）研究成果和博士学位论文的基础上修改完善而付梓成册的。完成后的心境十分复杂，既有一种努力跋涉后的轻松，又有一种虽倾注心血但仍不免存在许多不足和遗憾而难以释怀的心情。

我一直对我国优秀运动员培养有较浓厚的研究兴趣，在所有的资源中，人才是最宝贵的资源，中国体育的发展壮大强盛，离不开体育人才队伍的壮大。优秀运动员是体育人才中的核心力量，他们用顽强的拼搏为振奋民族精神、推动中国体育走向世界、提升中国的国际形象做出了卓越的贡献。但在体育强国建设的征程中，优秀运动员的培养与可持续发展出现了一些问题，亟须对原有培养模式、路径进行调整与改革。本书立足我国体育体制深化改革的时代大背景，对我国运动员培养体制的建立发展历程进行了梳理，对现存问题进行了分析，对世界体育强国运动员培养体制进行了分析总结，在此基础上，力求通过对我国优秀运动员培养路径市场化的研究，建立体育项目市场化评估体系，为不同项目运动员的不同培养路径提供建议与参考，为体育事业领导者、决策者提供一些建议。

在书稿出版之际，最想表达的是，一路走来，我从一名“一般”的“办事人员”到走进了高校的“学术”殿堂，自感惭愧不已。这条“艰辛的路”，却也让我打开了一扇又一扇的窗，变得更有勇气，也感到无上荣光！所以要感恩一路走来所帮助过我、为我指引道路、为我辛勤付出的同事、战友、恩师！

在课题的构思、博士论文的选题、撰写与答辩，以及成书过程中，先后得到了我国体育管理学奠基人、武汉体育学院的孙汉超教授（已故），教育部督学、国家体育总局科教司原司长蒋志学教授，南京体育学院校长杨国庆教授，武汉体育局副局长、武汉体育学院博士生导师陈林祥教授，四川省体育局机关党委原书记杨海谊副研究员，以及成都体育学院经济管理学院刘青教授、程林林教授、高扬教授、郭新艳教授、罗球凤副教授等众多学者、专家及前辈们的悉心指导、鼓励和帮助，在此再一次真诚表示衷心感谢和诚挚谢意！

此外，在书稿的构思编写过程中，学习借鉴了许多前辈和同行的研究成果，笔者尽量以脚注和主要参考文献的形式一一列出，再次对他们表示深深的感谢！

由于水平有限，书中难免有不妥和错误之处，真诚地希望读者对本书中的各种缺点予以批评指正。

张玲玲

2021 年 9 月于武侯祠畔